거제, 파도로 깎은 시

거제, 파도로 깎은 시

지역문학총서 47

초판 1쇄 발행 2025년 12월 16일

지은이 신명자
펴낸이 강수걸
편집 강나래 오해은 이선화 이소영 이혜정 유정의 한수예
디자인 권문경 조은비
펴낸곳 산지니
등록 2005년 2월 7일 제333-3370000251002005000001호
주소 부산시 해운대구 수영강변대로 140 BCC 626호
전화 051-504-7070 | 팩스 051-507-7543
홈페이지 www.sanzinibook.com
전자우편 sanzini@sanzinibook.com
블로그 http://sanzinibook.tistory.com

©신명자
ISBN 979-11-6861-549-6 03810

산지니시인선 028

거제, 파도로 깎은 시

신명자 시집

산지니

시인의 말 하나

내 발자국과 샛바람 발자국은 쌍둥이

차례

제1부

낮달

이왕 하는 일
입에 달고 살더니
이름 붙은 채소는 다 심어 놓고
닭 토끼 고양이 벌 농막 식구 만들더니
서리 맞은 정구지 모습
낮에 잠시 현관 떴다 사라지고 나면
거실에 채소장 섰다가
냉장고에서 시들고

남편, 농막에서 시든다.

할머니는 박 보살

주방 흰 타일 벽
까만 땅거미 한 마리
글자를 써 내려가듯 기다가
물음표 찍듯 딱 멈춘다

나에게 던진 화두

나물 데친 물은 식혀서 도랑에 붓거라
게 사는 실지렁이도 생명이니,

할머니 말씀 떠올린다.

벚꽃 피면

창원병원 누우신 지 석 달
벚나무 가지에 물 오르고
어머님 가슴에도 물 차올라
통증은 밤낮 없었다

창 너머 내동 사거리
벚꽃 활짝 두리번거리는 밤
황색불 깜박깜박 어머님
어멈아, 어멈아
가늘게 흘리신 소리

내 잠귀는 꺼져 있었다.

낮잠

아가,
빨리 다포 내려가서 영태 논 서마지기 사라
다른 사람이 사 가 삘라

그 동네 논이 논입니꺼
금싸라기지예
그런 돈이 우리집에 어디 있어예?

큰방 사진 가꾸 뒤에 구백만 원 안 있나
가지고 어서 다포 꺼꿀네한테 가 바라

진짜예? 진짜 사진 가꾸 뒤에 구백만 원 있어예?

아버님 얼굴
또 시치미 떼신다.

수채화

어머님 떠나시고 3년
아버님은 매일 밤 그림 그리신다
평생 농부로 사신 아버님
고향 가을이 그리웠을까
자신의 용변이 물감인 양 엉덩이가 붓인 양
아침이면 거실바닥은 온통 황금들판
나는 따뜻한 물에 비누 풀어
가을걷이를 한다.

작은할메

농로 옆 무논 왜가리 한 마리 논바닥 쫀다
작년엔 짝지어 새참 개구리도 나누어 먹더니
한 마리 어디로 갔을까

품앗이도 못할 삼각배미
무논에 무릎 팔 고이고 모심던 작은할메
런닝구 사이로 젖꼭지도 삐져 나와
모손 거들었다

외아들 매물도 바닷길에 먼저 보내고
새참 챙길 새도 없이
늘어진 어깨 어둠 걸치고
꽁당 꽁당

아버지와 바다

바람이 부는 날이면 갯바위를 때리는 파도
식구들은 그 파도의 높이를 잘 안다
밤새 숨을 죽이며 어둠을 방파제 삼아
아침이 될 때까지 마음을 졸여야 된다는 것
바람이 자면 파도도 잠잠해지고
하늘과 바다가 서로 몸을 포갠 수평선에서 해가 떠
오르면
밤을 건너 뛴 아버지
밥상 앞에 앉아 잔기침 풀어놓으신다.

거미줄

키 큰 고추나무와 고추나무 사이
외거미줄에 바람이 걸려 실랑이질 한다

우리 집 방 문턱도 외거미줄 같아
작은 내 발이 자주 넘어졌다
그럴 때마다 아버지께서

"눈은 어디다 두고"

저 바람 눈은 어디다 두었기에
거미줄에 걸려 벌러덩 넘어졌나.

대장나무 둘째 가지

나는 일곱 가지 중 세 번째
둘째 가지에 치여 제대로 자라지 못했다
둘째 가지는 웃자라서 그랬을까
샛바람이 장독대를 건너듯 손발이 대부분 덜컹거
렸다
우리 집 살림꾼 첫째 가지가 걸레질이라도 시키면
마루에 뭉게구름을 그려 넣고
밥상 심부름이라도 시키면 발이 정지 문턱을 들고 차
하필이면 깐깐하신 아버지 사기밥그릇
반달도 만들고 초승달도 조각하고
무릎에 아까징키 마를 날 없었다.

아버지의 봄

망산 아래 낮은 산 끝자락 저수지
괭이 삽 따꾸*질에
봄 내내 들도 산도 울었다
이레 일하면 배급 밀보리쌀 한 말
바닥 보이던 쌀독 메꾸고
점심밥 지어 소쿠리 담아
채 아물지 않은 둑 기어오르면
업장처럼 따꾸 밧줄 어깨에 매고
몸 속 물 펌프질 하시던 아버지

일본 히로시마 강제 징용으로,
경인년 전쟁터로,
부역이 몸에 익어
일주일 밀보리쌀 한 말에도
나라님 은혜가 왔다고
봄을 움켜쥐셨다.

24   * 통나무에 밧줄을 매어 땅을 다지는 도구

무명용사

허리띠 졸라매도 비집고 들어 갈 인심은 있어
봄 질 무렵 되면 아침 밥때마다 사립문 기웃대는
남자들
어머니는 사이군 또 왔다,
따신 밥 좀 퍼 줘라 하셨다

미국에서 건너온 분유 깡통과 낡은 군모 밥통
집집 얻은 꽁보리밥 위에 우리 밥 엎어 줄 때
해진 군복 사이 기둥처럼 서 있던 외다리에 갈고리 손
움직일 때마다 쇳소리 났지만
두 눈은 별 계급장.

진을수 여사

뙤약볕 이고 앉아 미역단 다듬던 손 끝엔
자식 일곱 학비가 매달렸고
남편 술값도 전대를 찼다

샛바람도 밤이면 잠을 잔다고
어둠 내리는 선창 미역 가득 실은 부산 뱃길 창성호
서이말 등대 물길은 밤에도 잠들지 않아
파도 달고 날아오르던 배 바닥, 쪽잠 그녀도 날아
올랐다
새벽 남포동 건어물 상회 미역 풀어 놓고
쌀 고구마 이고 들고 영도다리 걸어서
신선동 중학생 아들 자취방까지 갔다 왔다
숨 돌릴 틈 있었을까
동태 다라이 이고 배에서 내리시던 그녀
자글자글 미역귀 모습.

보리방아 찧는 날

방앗간 주인은 손가락이 쇠스랑 닮아
 샀 받을 때 두 손으로 되를 오다 쥐고 푹푹 퍼내면
되 위에 되,
 한 되가 두 되쯤 되어

보리 한 가마 방앗간 갔다 오면 도둑 맞은 것 같다고

어머니도 궁시렁 궁시렁
종일 방아 찧으신다.

계묘년

그해 장마가 가난한 집 군손님처럼 봄 내내 눌러앉았다
막 타작한 보리가마에서 누룩내를 토해 내고
어머니 한숨도 누룩내처럼 번져나갔다
오빠가 없는 우리집
큰언니와 나는 땔감을 찾아 젖은 산을 자주 뒤적였다
젖은 나무는 아궁이에서 성질을 부리고
아침 저녁 아홉 식구 밥을 삶아내던 큰언니 눈도 아침 저녁 젖었다
사람들 인심도 젖어가고 내 마음도 젖어버렸던 그 계묘년
환갑 되어 다시 온
나는 저 년을 도대체 잊을 수가 없다.

공양

아버지 술에 젖은 날 저녁
밥상 앞에 앉은 어머니 염불 외듯 잔소리 길어지면
십중팔구 마당 너릉바우 아버지 밥상 공양받는다

말이야 바른말로 염밭가 우리 집
태풍 사라가 떠밀어버려 물가가 무섭다고
동네에서 제일 높은 곳에 집 지을 때
텃밭 돌무지로 아버지 손수 담장 쌓고 축대 앉히는데
너릉바우 하나 꿈쩍 않고 아버지와 맞짱 떠
마당 한가운데 터주대감 되었다

어머니는 못 낳던 아들 둘이나 얻은 것은
 순전히 저 바우 덕분이라며 복바우 복바우 신처럼
떠받들면서
 공양은 늘 아버지께서 올리신다.

빨래

　뜨거운 물도 금방 삼킨다, 겨울 도랑물은
　검정 비누칠해 방망이질하면 빨래돌에 문어발처
럼 달라붙는 옷가지들
　내 손인지 남의 손인지 감각 없어진 손으로
　빨래줄에 널어 놓으면
　아버지 어머니 옷은 어제 낮 두 분이 다투던 모습
으로 굳어 가고
　동생들 옷은 겁에 질린 모습
　햇살 퍼진 오후가 되면 밤에 화해했을까
　아침 겸상 마주한 두 분 얼굴처럼 바람 타고 놀지만
　한파가 몰아치는 날이 길어지면 우울한 가족놀이
도 계속한다.

서귀포에서

이중섭거리 기념품 가게 액자 그림 소는 갓 성년에 들어선 황소 같다
먼 하늘 바라보며 무얼 생각할까

우리 집 소는 울 엄마 닮아 줄줄이 암송아지만 낳았지
암송아지는 금송아지

아침에 눈 뜨면 산으로 들로 소꼴 먹이려 다닌 나는 안다
새끼 떠나 보낼 땐 울음이 길다는 것

그 울음 사그라들기도 전에 또 배불러 오던 우리집 소
그때마다 어머니는 잠시 허리를 펴셨지.

달구싯개비

　역전 다방 구석 소파 늙수레 세 남자 단골 손님 일까
　주인 마담 마주앉아 달개비 꽃잎 같은 청보라 마스 카라 두 장
　접었다 폈다 하며 오빠 오빠 콧소리

　여름 강냉이밭 단골 손님도 달개비
　이슬도 걷히기 전 할머니 따라 밭 이랑에 하품을 풀고 있노라면
　손 빠른 할머니 앞서서 달개비 발뿌리 두 손으로 걸어내며
　이노무 달구싯개비는 뽑아내고 돌아보면 어디 만큼 가노
　고개 빳빳 치껴든다카이
　풀이름이 달구싯개비가 뭣꼬
　욕같다 욕! 나는 깔깔 웃음으로 선잠을 걸어 내고 와 웃노!
　날아가는 새 자지를 봤냐

동굴 같은 입 기둥처럼 버티고 있는 할머니 앞니
두 개 활짝 보이신다.

곱다이 고개

저구 만데이를 사람들은 도토지재
할머니는 도톨구지재 도톨구지재 하셨다
그곳에 올라서서 동쪽 바라보면 다포
등 뒤엔 면소재지 저구
뜨는 해도 지는 해도 붉었다
오르는 길섶 삐뽀 영감 뫼똥이 있고 그 안쪽엔 저
수지
비가 부슬부슬 내리면 대낮에도 뚜벅뚜벅 군화소리
경인년 전쟁 때 포로들 묻혀 그렇다는 소문
하굣길 눈 돌리고 다녔다
어느 날 아버지 같은 남편과 아이 셋 데리고
도토지재 나타난 여자
소나무 쉼터 위 얼기설기 집 지어 술밥집 차리니
뽀얀 살결 인물 받쳐 줘
들고 나는 사람들 붙여준 이름
곱다이, 곱다이

어른들도 곱다이 고개

아이들도 곱다이 고개.

상현달

전화기 속 어머니는 거리 재시고
내 차는 아홉산 고개를 넘느라 숨 헐떡인다
도토지재 올라서니
환갑도 훨씬 넘은 곱다이, 곱다이집은
망산 오르는 등산객 발길에 묻혔을까
얼핏 보니 흔적 없다
남쪽 먼 바다 오누이 머어리섬
그 뒤에 지렁이처럼 꿈틀대는 대마도는 구름 속에
숨었나
선명하게 모습 보여주면 할머니 비설겆이 하셨지

점심상 마주 앉아
볼락 가시 발라 내 앞으로 밀어 주시는 어머니
오늘 밤은 내 옆에 자고 갈끼제
내일 바빠서
그리 바뿌나
하룻밤 묵고 갈 새도 없이

늦은 밤길 산 모서리 돌 때마다
앞장선 상현달은 호롱불 든 어머니 얼굴.

제2부

뿔

산악열차 지네처럼 알프스 산을 기어오른다
먼 높은 절벽 위엔 눈이 펄럭인다
누워 있는 눈을 일으킬 수 있는 건 바람의 마음
어쩌다 세상의 문을 연 나를
이곳까지 데려다 놓은 것도 바람

창 너머 키 낮은 작은 꽃들 아직 겨울 벗지 못해 파
란 걸까
만년설을 껴 입어 만년 파란 걸까
기차가 몸을 더 세우니 내 눈 맞주한 마테호른
스위스 사람들은 초원의 뿔이라고 한다지
세상에 태어나 한 번도 자르지 못했을 저 뿔
내 눈엔 매의 부리

저 부리로 하늘을 콕 쪼아
눈이 와르르 쏟아 내린 걸까.

새피 영감

통영에서 왔다 갔다 뒤목 넘 어장막 주인은
사철 머리가 하얗다
봄부터 여름까지 몽돌밭 미수리에 널린 멸치도 하
얗게 빛났다
그해는 어장막에도 흉년 들어 탄식하듯 아내에게
흘린
어엽다 종철네야 보리죽도 못 먹겠다

한번 태어난 말은 죽는 일 없어
이집 저집 건너뛰다가 넘어져
어엽다 동철네야 보리죽도 못 먹겠다
새벽 우물가 말 퍼 나르기 선수 동철이 각시도
어엽다 동철네야 노래 부르고 다녔다

아침 밥 굶은 사람도
보리 죽 먹은 사람도
품앗이 하듯
어엽다 동철네야 보리죽도 못 먹겠다.

누리

밤낮으로 바가지 싹싹 긁어대는 파도에 대머리
그래도 가슴은 넓어 전복 소라 미역 우뭇가사리
웬만한 바닷속 식구들 다 품고 산다
봄이면 우리 동네 날아드는 서귀포 아가씨들
기름기 없는 노란 갈조밥을 먹어야 물에 동동 뜬다고
모래 같은 갈조밥 양푼이에 수북이 쌓아 놓고 김치
몇 가닥으로 그 밥 다 배 채우고
아침부터 저녁까지 시집 갈 밑천 캐느라
누리섬 아랫도리를 붙잡고
자지러지는 숨비소리.

멸치

뒤목 넘 새피영감 어장막에는

간밤에 건져 올려 몽돌밭에 걸린 가마솥까지 줄 서
서 멸치 소쿠리 옮기는 소리

어여차 어여차

저 그물에 걸린 멸치 떼는 대마도에서 건너오는 중
이었을까

건너가는 중이었을까

여차를 삥돌아 성무이섬 노 저어 오가던 아버지 뱃
길에도 저 그물 같은 파도 숨어 있었지

가마솥에서 다시 태어나

쭉쭉빵빵 멸치는 새 옷 단장하고 서울 부산 떠나고

허리 굽어 등 터진 멸치는 우리 밥상 차지.

갈곶리

오늘은 막차가 빠지는 갑다
이 밤에 우짤라꼬
고마 우리 집에 자고 날 새면 가제
한목 버스정류장 점빵 아지메 걱정 앞선다
아이 삼촌 대학 2학기 등록금도 내일 막차
어머님께 콩 튀듯 부탁한 돈
내일 새벽 첫차 타고 마산 돌아가야 했다
백일도 안 된 둘째 아이 둘러업고 어둡길
한목재 올라서니 샛바람 먼저 마중 나왔다
전신줄과 소나무 우는 소리 목덜미를 잡아 당기고
감나무골 처녀귀신 생각 겹치니
사시나무 내 다리
돌부리가 걸어찼다

아이 엉덩이 꼬집어
등불 같았던 울음소리
켜면 꺼지고 켜면 꺼지고.

빽

신문사 지국장은 세상에 안 되는 일 없었다
전신전화국 매점 입점권도 약속하고
부산우유 대리점도 따 준다고 했다
연탄 배달하는 그의 아내 남편 빽 철가방처럼 믿고
동네 돈 긁어 남편에게 갖다 바치고
남편은 그 돈으로 사무실 경리 아가씨와 가음정에
살림 차렸다
소나기를 데리고 온 그의 아내
뇌성 번개를 맞은 듯 내 앞에서 푹 꼬꾸라졌다
새마을금고에 대출까지 받아 건네 준 1300만 원
내 머리 속에도 번개 쳤다
그래도 사람은 살려 놓고 봐야제
소낙비 속으로 상남약국까지 자전거 저어가
청심환 사 와 그녀부터 먹였다.

아들과 딸

휠체어에 앉은 어머니
서울 보석 큰아들 눈에 담느라
늘어진 눈꺼풀 계속 밀어 올리신다
나는 요긴하게 쓰임새 있지만 보석을 대신할 수
없다

옆에 구슬 같은 막내아들 있다
어머니 서른아홉에 얻어 58년째 조심조심 굴리시고
그 구슬은 어머니 마음을 굴린다

이번에 아파 보이
우리 막내가 우찌 그리 똑똑하것노
나 헬타 태워 병원 구석구석 찾아다니는 것 보이 참
우리 막내가 그리 똑똑한 줄 몰랐다 아이가

구슬 칭찬에 침이 마르시는 어머니
매일 밤 잠 쪼개어 옆을 지켜드려도
나는 악세사리.

달리기

여차 너머 항개 백 씨, 갈곶리 양 씨,
다포 우리 아부지 아들 낳기 달리기
다섯째 막내딸 고추밭에 터 팔아 남동생 태어나니
아부지 일찌감치 결승점에 깃대 꽂으시고
백 씨 양 씨 계속 달린다
백 씨 여섯 번째 딸 낳으면 양 씨 따라 여섯 번째 딸
양 씨 일곱 번째 딸 낳으면 백 씨 따라 일곱 번째 딸

숭어 망재비 양 씨
숭어 떼는 맞추면서 아들 물때는 못 맞춰
여덟 아홉 번째도 딸딸
백 씨도 뒤질세라 아홉 번째 따라 잡는데
드디어 결승점에 먼저 도착한 양 씨
두 손 번쩍 들어 올리며
내 아들 불알이
하늘 댕구*만 하요.

* 조선시대에 만든 지름 30cm 크기의
대형화포

무시와 고메

아이 셋이라며 셋방 거절 당하고
너네는 아이도 안 낳냐
무시 밑구멍 같은 인간들!
쏘아붙이고 돌아섰다

아들딸 구별 말고 둘만 낳아 잘 기르자
둘도 많다 하나만 낳아 잘 기르자
잘 키운 딸 하나 열 아들 안 부럽다, 등등

고구마 줄기 되고 싶어도
나라에서 무시만 심으라 하니
출근 남편도 포스터 들고
집집이 무시 밑구멍 만들려 다녔다.

통장님

내리 딸 다섯 아내 두고
부모 성화에 못 이겨 대 이을 여자 보았다
새 여자 빠른 시간에 아들 품에 안겨 주니
큰댁 밀어내고 안방 차지
안방 달력은 출근부
빨간 싸인펜이 동그라미 가위표 날짜 채워 나가는데
가위표 많은 달
통장님 몇 가닥 남은 머리카락
다 뽑힌다.

분재

베란다 돌배나무 분재 이파리 게으른 손길 원망이
라도 하듯
가을도 되기 전 스스로 시들어 노을보다 더 붉게
창가 매달려 있다
성하지 못한 다리 손으로 걸어 거실 창가에 앉은
어머니
후르케* 캠핑차 줄 서서 들어오면 혹시나 어느 차
에 자식 들었을까

두 눈 가랑가랑.

* 심하게 꺾인 길. 위치: 다대와 다포 경계, 다포 마을 입구.

빨대

　목욕탕에서 요구르트에 빨대 꽂아 아이에게 안겨
주고
　때 닦느라 정신 파는 여자
　옆에 여자 머리 감기 위해 엉덩이를 치켜 세운다
　그 아찔한 기역자
　남자 아이 빨대가 그 호기심을 찔렀다
　놀란 여자 손이 아이 뺨을 철석하고
　아이 엄마는 여자 뺨을 철썩
　두 머리카락 소용돌이 일고
　그 소용돌이에 목욕탕 주인이 감겨 들고
　경찰차가 출동하고 출동한 경찰관은 전라도 사람
이고
　급기야 남성 접근 금지구역 앞에서
　손 스피커 부는데

　아, 아, 거시기 찔린 사람 나오시요
　그, 거시기 찌른 아이 엄마도 나오시요
　빨리빨리 나오시요이.

통영댁

옆 침대 혈액암 환자
엄마를 자꾸 조모, 조모한다
할머니를 조모라 부르는 거제 통영 사람들
갯바람 맞고 자란 탓일까
성질도 걸음걸이도 파래처럼 팔팔한데
밥때마다 떠난 입맛 살아온 이야기로 달랜다

나가 처니 때
아는 오빠 소개로 토영 항남동 찻집에 선을 보려
나갔는데
저녁이라 차 대신 그 남자가 권한 맥주 딱 한 잔 마
싯는데
눈 떠 보이 여인숙인기라
창문을 보이 아침 해가 발름하게 떠 있고
내 꼬라지 보고 억장이 무너져 울다가 울다가
사람들 볼까 신발 살찌기 들고 나와 우리 집에 들
어서는데
우리 아부지 몽디 들고 삽짝에 서 있다가

사정없이 내 어깨를 내리치고는 그 남자 아부지
어장막으로 끌고 갔는기라
그란데 그 인간 숨겨논 여자가 있었는데
지 아부지 강요에 못 이겨 선보려 나와 가꼬
나를 평생 속 시린 개살구로 맹글어 삔기제
그래도 아가 들어 설라카믄 나한테 오는기라
우리 큰딸이 그날 밤 들어선 아 아이가
그 아가 서른 넘어 오토바이 사고가 나
먼저 가삐는 바람에 그만 속 골병 들어삐가.

젖소 부인 토끼 부인

아내 가슴이 한도초과라고
부부 모임 때는 애인을 옆구리에 끼고 다니는 남자
세월 지나도 친구들은 애인이 아내인 줄 알아
속 터져도 깁지도 못하는 여자

첫날밤 아내 가슴을 열어보고
열네 살 때 성장이 멈추었다며
반품도 못해서 억울해 한다는
그 미용실 원장 남편.

구망

아침이다 싶으면 저녁 따라붙는다
눈 치껴 뜨면 큰 키 가라산
발목 아랜 몽돌 다지는 파도
집 한 채 동백나무 틈에 산다
한목에서 학동 갈 때 보이고 올 땐 숨은 집
산꼭대기 해 걸리자마자
줄줄이 아이들 골라 눕히기 바쁜 부부
밤낮으로 아이만 만든다고
소문 퍼다 나르는 윗동네 사람들.

선이 할메

할베 돌아가실 때 할메 빛도 거두어 가
해 뜨면 해 질 때까지 해바라기 화분처럼
마루에 앉아 발자국만 읽습니다
동쪽 서쪽 사립문 두 개
할메 귀처럼 열려 있는 집 위에 고상집
고씨 성을 가졌다고 고상
장난끼 넘쳐 별명이 고상 닷 되 씨
할메 끼니처럼 들락거리면
아이구 나가 이리 살몬 뭐 하건노
쥐약이라도 있으면
쥐약이라도 있으면,
아흔 넘은 넋두리에 고상 닷 되 씨
장난끼 한 말로 넘쳤을까요
옥진이 점빵에서 활명수 한 병 사 와
할메, 쥐약입니다
병마게 따 드릴까예?
할메 손이 허우댑니다

저 우 선반에,
저우 선반에 올려두시게

나중에,
나중에.

박산 할메

어디서 날아온 민들레 홀씨였을까
우리 집 담장에서 내려다 보면 둥천 건너
첫 빨간 양철지붕에 되똥만 한 집
흘러내린 담장 너머 손바닥만 한 마루 끝엔
망부석처럼 서 있던 지팡이 하나

동네 사람들은 백 살이 넘었다고 했고
할머니께 나이를 물으면
사람이 백 살 넘으면 나이가 없다며 손사레 치셨다
명주실 같이 가는 흰머리에 뽀얀 얼굴

선거 날이면 새벽같이 면사무소 지프차
할머니 모시려 오고 포구나무 가지처럼 흰 허리는
지팡이가 모시고 나왔다
할머이 오늘은 꼭 한 사람한테만 꾸우욱 찍으이소
이장님 신신 당부해도
이 보시게 인심이 그리 야박해서 쓰시겠는가.

문 목수

대낮부터 마신 술 안방문 댓바람 타고
여자는 윗집 아랫집 헛간 찾는 다람쥐
큰딸 영이 마산 자유수출지역으로 달아났다

동네 목수 문 씨 그 손재주가 웬수
마누라 놓치면 집 안에 딸린 가재도구
몽땅 마당으로 내모는데
손에 눈금자 달렸을까
제 손으로 고칠 수 있는 것들만 골라 내몰아 놓고
다음날 새벽부터 망치소리 톱질소리
온 동네가 욱신거리고
한 집 건너 우리 집은 더 욱신거렸다.

어머니의 자장가

너거 밀깨 막내 고무 요새 사는 게 말이 아이다
큰아들 토영에서 여자 만나 산다 카더마는
여자는 우짜고 다 늙은 에미한테 붙어가꼬
술만 묵었다 하모 깽판 부린다 안 카나
하루도 속 편할 날이 없는기라
아이구 싸케라*
에미가 무슨 죄가 많아서
주야장천 술병하고 뒹굴다가 동네 사람 부딪쳤다
카모
싸움질해 경찰서가 제 큰집이라 카제
에미가 채리주는 밥상을 사흘디리 업어 삐리
정지 그륵기 성한 기 한 개도 없다 카더라
아이구 싸케라 싸케
자슥이 아이고 은수라카이 은수

겨울 밤
어머니는 내 곁에 누워 긴 자장가를 부르신다.

* 지독해라   61

봄날

억새가 발을 들여놓는다 싶더니
슬슬 무허가 집을 짓기 시작했다
밭주인은 겨우 방 한 칸 걸치고 사는데
남의 땅 점유해 민박까지 친다
멧돼지 가족도 묵고 가고 고라니도 묵고 가고
산비둘기는 보름살이 한달살이를 하는지
대낮에도 자주 눈 마주친다
올 봄엔 전세 주었을까
장끼가 전입을 하는가 싶더니
장가가서 식구를 늘린다
보다 못한 우리 집 숫고냉이 냅다 달려가
목을 물어버렸다
깃털이 날아올랐다

아 아 이러지 말아요
저는 세입자라니까요.

한우산

겨드랑에 터널 뚫리고
이마엔 진달래 생강꽃 계절 갈아 입는데
굽은 등엔 멍에인가 업장인가
풍력 발전기 줄줄이 서서
백팔 염주 돌린다.

뱃고동

통영에서 섬을 돌아돌아 저녁 7시
저구 선창에 닻을 내릴 여객선 겸능호는
함박기미*를 돌아나와 왕조기미** 앞에서 길게 세
번 운다

그 시간 어김없이 구멍 난 청바지 입고
선창 등 기대고 서서 빈손으로 기타 치는 그 오빠
입으로 내는 기타 소리 요란하다
내님은
딩디디딩딩
누구일까
디디디디딩
어디에 계실까
딩디디딩디
고장난 카세트테이프처럼
무한 재생하던 두 구절

무슨 상처를 매일 꿰매고 있었을까.

* 쌍근
** 저구 오른쪽 날개 끝자락

64

장닭

낮에는 큰 각시
밤에는 우리 아랫방
작은 각시방 360일 출근한다
제주 송 씨

종일 무질하고 온 여자
벼슬 세우고 밤잠도 안 재우는지
여자는 울다 웃다.

제3부

아미동

정자가 사는 부산은 집이 집을 밟고 있었다
1층 주인집은 국수 공장
마당 빨랫줄은 국수가 대신 커튼을 치고 있었고
집 앞엔 오가는 발길 다진 길이 흐르고 있었다
지갑 얇은 사람들에게 돈만큼 저울에 달아 파는 국
수 공장
삐걱이는 2층 나무계단 오르면 다다미 방 세 자매
의 아침 저녁 끼니도 국수
냄비에 물 가득 붓고 국수 몇 가락 세어 넣고 푹 끓
이면 밀가루 죽인지 국수 죽인지
대청동 보세공장 다니는 정자 큰언니 월급날에는
귓밥 만져도 국수 죽
집 떠나올 때 다지던 내 꿈도
뒤죽박죽.

코스모스 피는 길

희야는 나이보다 먼저 피어 초등학교 졸업하고 부
산으로 취직 갔다
명절이면 미니스커트에 뾰족 구두 신고
양손엔 선물 가득
둥천 건널 때 엉덩이 바람에 흔들리는 코스모스
도시는 해도 없는 걸까
얼굴은 흰 코스모스

내 청춘의 다오다 몸뻬, 무늬도 코스모스
논가 밭가 새미가
계절 없이 피었다.

홍역

매물도에 산다고 했다
곱슬머리에 한 쪽 다리 심하게 쉼표 찍는 성률이 아제
동네 아픈 사람이 있으면 북 꽹가리 들고 의사처럼 나타났다

우리집 마당 멍석엔 상이 차려지고 상 위엔 촛불이 실눈을 뜨고 있는데
온몸에 열꽃 핀 나를 제물처럼 북 앞에 눕혀 놓는다

어둠은 깔리고 성률이 아제 북채는 날아 올랐다
손가락 사이 담뱃불도 북채 따라 춤을 추었다

담뱃불에 긴 꼬리가 생긴다 그러다가 툭
내 가슴에 떨어졌다
별똥별도 떨어지면 땅을 지질까.

선물

아들과 함께 걸어보는
용지못 둘레길
건너 팔등신 빌딩 불빛을 입고 몸매 자랑한다
아들이 묻는다
어머니 저 빌딩은 얼마면 살 수 있어요?
왜?
제가 돈 많이 벌어 어머니 사 드리려구요
어머니는 건강만 잘 챙기시면 됩니다
갓 취직한 아들의 첫 선물이 묵직하다

아들!
나도 선물 보낸다
그래, 너도 살아보거래이.

당산역

할머니, 한 밤만 더 자고 가면 안 돼?
손에 매달린 작은 손자 이록이
곧 오겠다고 손가락 도장 찍어 놓고
강남 고속 터미널행
지하철 9호선
사방팔방 뚫린 계단 화살표도 많다
올 때마다 엉거주춤 내 눈
오른쪽 왼쪽 오른쪽 왼쪽
도리도리 배운다.

율리우스

외손자 이름은 율리우스
내가 부를 땐 율리웃어라고 부른다
율리웃어
율리웃어
내 말 알아듣는지 활짝 웃는다

제 아빠만 쏙 빼닮아
하얀 피부에 동그란 눈

어린이집에서 데리고 올 때
율리웃어 오늘 뭐 먹었어?
간식은 맛이 있었니?
하유리랑 잘 놀고?
내 말꼬리는 높은 음자리표
오물오물 답하는 아이 입은 낮은 음자리표

아이돌 가수들이 부르는
노래 가사처럼 알아들을 수는 없어도

내 어깨 흥얼흥얼.

노란 민들레

뱅기 타고 날아온 딸 식구들
앉고 누워 거실 채운다
다섯 살 율리 장난감 놀이하며
아빠 나라 말
엄마 나라 말
조물조물 피어낸다.

스위스 별들

탈수된 옷가지에 하얀 보풀들
아이 흔적이다
코로나로 막혔던 2년의 그리움, 일주일로 달래고
다시 기차 타고 인천공항 떠나는 딸 식구들
그 모습 더 담고 싶어
차창 안으로 깊숙이 찔러 넣었던 내 눈길
작별도 익어 가는 걸까
기차 꼬리 사라지고 오래 서 있지 않았다

오월의 창 너머엔 목련 이파리 넙죽넙죽 햇살 베어
먹고
입맛 서툰 세 살 손자 율리
된장국은 넙죽넙죽 잘 받아 먹어
푸르게 푸르게 더 푸르게.

말금이

막내라서 말금이,
친정어머니가 지어 주었다는 이름

큰형님께서는 막내며느리를
맑음이라 불러준다

전화기 너머
'맑음아'
'네, 어머니'
두 목소리
파란 하늘이다.

부스럼

티비를 깨운다 새벽 2시
카우보이 모자를 쓴 사내들이 총으로
서로의 가슴 깊이를 재고 있고
또 다른 사내들은 황금자루를 어깨에 싣는다
안전하게 건널 수 있을까 저 총알 사이를
내 무기는 빵과 커피 같아서
꾸역꾸역 입으로 구겨 넣는다
거실 너머엔 붉은 십자가
그 너머엔 합포만이 있다
오래전 그곳 물의 깊이를 잰 적 있었지
긁어 부스럼 합포만
짠물에 잘 아물 수 있을까.

입원

삼성병원에서 집까지 걸어서 10분
돌아가서 집 비울 준비하고 입원할 수 있지만
그냥 병실로 향했다
간이 부어 정상인의 수치보다 100배가 높다는
담당 의사의 말은 가벼웠고
나는 무겁게 가라앉는다
누군가는 나를 간이 큰 여자라 하고 또 누군가는
통이 큰 여자라고 한다
간이 부은 여자랑 간이 큰 여자
갯바람처럼 좀 짭조름하게 살 걸 그랬나
병실 커튼을 걷는다
햇볕은 유리창을 쪼아대는데
나는 젖은 빨래처럼 철퍽 침대에 널린다.

그 할머니

오늘 낮에 메누리 온다켔는데
나 얼굴 씩고 나모 분 바르고
입에 베니도 좀 발라주소
맞은편 침대 구순 다 되어 보이는 할머니
아침부터 도우미 아줌마 졸라댄다

아이구 할메요
꽃단장은 무슨 꽃단장을 한다고 그래요
메누리한테는 얼굴이 상해 보이야
더 신경 쓰지요

그래도 그라모 쓰나
내가 얼굴이 좋아 보이야
자슥들 맴이 편하제.

양촌 온천

오후 2시
마을버스에서 내린 사람들
탕 안으로 몰리고
뒤따라 소사나무 분재 같은 할머니
때밀이 아줌마가 받쳐 들고 와
욕탕에 앉힌다
평생 호미와 살았다고 몸으로 새기는 글자
기역 디귿 니을
탕 안에서도 팔월 태풍에 흔들리는
고추나무.

벽화

둘이 하나가 되었을 때
남은 하나는
벽에 그림자를 심는다.

감자에 싹이

수컷이 밖을 돌기 시작하자
암컷 목이 길어졌다
처음은 나갔다 온다 싶더니
외박을 시작하고 며칠 보기 힘든다 싶으면
나타나 배 채우고 사라지는
농막 세 살 수고양이

퇴근길 늘어 선 술집은
형님, 누님 집
내 목 길어져도
아침해 그림자 밟는 남자

북어채 참기름에 덜덜 볶다가
물 부으면 부르르 끓어오르고
파 썰어 달걀 툭 깨어 저으면
달걀 속 터지고
내 속 터지고.

갓

높이 뛰기 넓이 뛰기
가을 하늘은 네 운동장
나도 사방팔방 반경 없이 가지 뻗어 봤다
관절이 꺾이고 소금에 절여질 때
더 진하게 나타나는 보라,
너는 숨길 수 없어도 나는 숨길 수 있었지
매콤 쌉쌀 눈물 맛
순한 맛에 길들여진 아이들이 싫어할 것 같아
배추 속속 숨겨 놓으면
그 속도 멍들이는 너.

반딧불

농막 안 작은 불빛 하나 날아들더니
휙휙 큰 별 작은 별 꼬리별 그린다
잘못 든 길 너는 다시 길을 찾느라 파닥이는데
나는 숨 죽이며 너를 세고 있네

몸통보다 작은 날개로
수없이 그려놓은 저 별은 어디로 사라졌을까
내 베개깃에 내려앉아 숨을 헐떡이다 깜박깜박
존다
나도 짧은 날개 파닥이다
숨 고르는 중.

제4부

동백꽃

들 논에 집지어 이사 올 때
까탈스런 영감 심어놓은 울타리 동백나무
가을부터 올망졸망 영감 잔소리처럼 열렸다가
봄이면 화단에 툭툭 영감 혀 차는 소리
화단 띠 두른 채송화 붉고 노랗게 피면
찌우퉁 다리 유모차 베고 앉아
동백나무에 물 주고 그늘 주며 잔소리도
되돌려주시는 어머니.

아오자이

함안 연꽃테마공원 뒤쪽
밥집 찻집 늘어선 화단에
겹주름 맨드라미 칠월 햇살 망보고 있다

웅이엔 항
열아홉 나이 창원에 뿌리내려
다섯 살 두 살 아이 두고 의료사고 남편
양산 부산병원에 실려 가도 식어가는 모습
지켜보던 겹겹 울음
사망 보험금 팔천만 원

베트남 남자 망봤을까
카톡 카톡 울음소리
아이 둘 시누이 몫이다.

이화

남편 죽은 지 얼마나 되었을까
마귀를 잡았다며 집 뛰쳐나온 여자
색기에 눈 어두워 초등학생 외아들을 잡았다는 소
문이
어망 멸치 떼처럼 한동안 파닥거렸다

남새밭 오가며 나누던 인사 식지 않았는데
고향 제주도로 갔다고 했고
감방으로 갔다고도 했다

몇 년이 더 흘렀을까
고향집 언덕 아래 빈집 팔렸다
그리고 작은 교회 들어섰다

새벽마다 종을 울리는
전도사 이화.

홍이 엄마

밀고 들어오는 바닷물은 급해
뗏목 놀이 세 아이 순식간에 넘어뜨렸다
두 아이는 다시 일어서고 한 아이는 가라 앉았다

남편은 일찍부터 부산에서 첩 살림 차렸고
아이 엄마는 층층 시집을 입고 살았다
청춘이 질 무렵 선물처럼 온 마흔둥이

까마귀 소리가 날아올랐다
맨발의 그녀 두 다리는 굳어 날개만
파닥파닥 땅바닥 파 엎었다

밀고 들어온 물은 아무 일 없었다는 듯
둥천허리를 베고 누웠다.

포구나무집

짠물에 감긴 땅
몽돌과 바람만 살아서 포구나무를 많이 심었는지
모른다
포구나무 가지가 지붕을 덮은 월자집은 오빠가 넷
제일 잘 생긴 둘째 오빠는
월남 가서 돌아오지 않았다
막내 오빠는 하늘의 자식이었을까
사람들 모인 곳에서도 매질을 하더니
어느날 하늘로 데리고 가버렸다

월자 어메는 월자를 데리고
한 가지 소원은 꼭 들어준다는 충청도 어느 절에
갔다
무슨 소원을 빌었는지
돌아오던 길 용왕님 백성 되었다.

루비 반지

의령 신반 권혜마을
구불길이 윗 아래 흩어진 마을 이어주고
갓길 낯선 손 반갑게 맞이하는 제비꽃
오월 비구름이 산과 하늘을 섞어 놓는다

신반, 낯설어도 낯설지 않는 곳
친정어머니 삼오제 지내고 새벽 창녕 계성고개
졸음운전에 중앙선 밟아버린 연이
붉게 흩어졌다
금실 좋아 손 놓기 싫었을까
남편 손잡고 꽃상여 타고 올랐던 선산
저기 어디쯤 옛날 더듬는 내 눈.

몽돌

그녀 평생 외출은 미날기미에서 여차
걸어서 한 시간이면 넉넉한 거리
월남 갔다 돌아온 여차 고모집 작은 오빠 각시 되
었다
일찍부터 무질 배워 거꾸로 자랐는지
동글동글 키에 오막다리
아들 딸 쓰임새 있게 두고 횟집 차려 민박하며
허리끈 풀어놓고 밥 먹어도 될 만한데
바지런한 그녀 팔찌 대신 호미 팔에 차고
바다숲도 메고 다닌다더니
바닷속에도 올가미 있어
폐그물 그녀 팔 놓아 주지 않았다.

아침에 눈 뜨니

작은어머니 돌아가셨다는 소식
처니 때 동네에서 인물 꼽혀
신식 청년이었던 작은아버지 색시 되었다

사라호 태풍 후 살림 나가
아이 낳고 무질하고 무질하다 아이 낳으면
다섯 손자 할머니 손이 먹이고 재웠다

작은아버지는 자석이었을까
움직였다 하면 달라 붙는 여자들
살짝곰보 통영댁이 형님이라 부르고
언니 같은 학동댁이 형님이라 불러도
머리끄티 잡지 않으니

돌부처도 저리 안 할끼다
바당밑이 서방이다 서방
할머니가 속을 터뜨렸다

학동댁에게 떠난 남편
호적만 남편처럼 믿고 사신 작은 어머니.

이혼 서약서

마스크 위로 이마 눈 닮은 젊은 남자와 여자
책상을 마주하고 있다
합의는 다 했나요?
법무사가 묻고 남자는 이혼 각서를 내밀며
네, 이혼하기로 합의했습니다
뒤따른 여자의 목소리
내가 언제 이혼한다고 했어?
난 그런 말 한적 없어!
또 봐라, 늘 이런다니까요
그래서 이 증거를 남겨 놓아야 해요

여자는 함께 가던 길 버리려 왔다가
다시 주워 담는다.

염밭

도시 물 먹다 돌아온 근이 오빠
바닷물 들고 나는 염밭 가에 성냥갑만 한 집 앉히
더니
식구들 데리고 와 점빵 차렸다
오는 사람 가는 사람 정 다 퍼주면서
언니는 손톱에 가시였을까
빼지 못해 안달
얼굴만 마주하면 된소리 만만한 건 양은냄비 석유
곤로
수시로 등 터지는 염밭
그래도 운 좋은 날은 말술도 얻어 마신다.

다듬이 소리

팔척 키에 하얀 모시 바지 저고리 입은 그 영감
지팡이 앞세우고 동네 어슬렁거리면 중절모는
큰 얼굴 가려도 번뜩이는 눈은 가리지 못했다

무역선 타는 남편 얼굴 감감 무소식인데
시아버지 쌍심지는 늘 켜 있는 집
키 높은 돌담장이 담쟁이 넝쿨을 껴 입고
간깐한 대문은 입 막아도 다듬이 소리는 담장을 넘
나들었다

어제도 그 영감 며느리 잡았다고 하데
지팡이로 막 두들켜 패다가 안 되니
구정물 한 동이 퍼 와서 얼굴에 들이붓다 안 카나

다듬이 소리 요란하게 담장 넘는 날이면
새밑가 입방아도 날개 단다.

갈비탕

18년 소 등심줄 같았던 은행빛 잘랐다

실비집 늙은 아내 노동을 갉아 먹고

팔순 넘은 자신의 공공근로 수당까지 꿀꺽 삼키던 녀석

KTX역 들어선다는 거제 성포, 공시짓가 반값도 안 되게 넘겨주고 남은 600만 원

통장에 찍힌 숫자 보고 또 본다

돌아오는 길, 갈비탕 한 그릇 시킨다

찬밥 같았던 땅보다 갈비탕 한 그릇이 더 마음 데 워 준다며 서운한 마음을 너털 웃음 속에 숨기며

집에서 기다릴 할머니 몫 포장 시켜 안고

계단 더듬는 등 뒤에 트림 소리 따라간다.

기차를 기다리며

마산역에서 서울행 첫차를 기다린다
눈 앞 긴 의자를 전세 낸 여자
새벽부터 욕을 아작아작 씹고 있다
동남아 어느 나라에서 왔을까
굴리는 눈빛은 벽을 찌르고 가무잡잡한 얼굴은
긴 머릿속에 반쯤 숨겼다
욕도 찌꺼기가 있을까
간간이 커피로 입 헹구어 낸다

저 전화기 속에
남편이 있을까 애인이 있을까.

전설의 고향

한 노인이 메리어트 호텔로 가기 위해 택시를 불러 놓고
잊어버릴까봐
자신이 입은 메리야스를 생각하며 택시를 타는데
할아버지 어디로 모실까요?
기사가 묻는 순간 잊어 먹었다
잠시 생각하던 할아버지
런닝구! 했다
잠시 후 택시가 도착한 메리어트 호텔
기사 양반 메리어트라는 걸 어떻게 알았소?
할아버지 런닝구는 별거 아니에요
어제는 전설의 고향도 갔다 왔는 걸요
전설의 고향은 또 어디야
예술의 전당요

하나 잡으면 하나는 놓아버리는,
자꾸 헐거워지는 나는?

다포항

바닷물 빠지면 동네 장터
차오르면 해수욕장
여름이면 까까머리 머스마들 홀라당 벗고 뛰어
들고
가시나들은 까만 무명 고물줄 빤스 입고 뛰어 들고
개헤엄 자랑질에 망산에 해 걸렸다

그 바다 한가운데를 뚝 잘라 촘촘히 쇠말뚝 박아
드러누운 해상 둘레길
아버지 노 저어 오가던 물길 위로 사람들은 걸어서
오고 가고
하늘 길도 생겨 노자산 케이블카
사람들 바가지 바가지 퍼 나른다.

벌초 길

태풍 매미가 쓸고 간 와현 지나 지세포
서이말 등대 가는 화살표 눈에 훅 꽂힌다
저 등대는 순한 눈빛이지만 물길은 속에 화가 꽉
차 있어
어머니 부산 뱃길 떠나는 밤이면 서이말 등대 물길
은 잘 건넜을까

그런 날 나는 잠든 동생들 얼굴 지키며
밤을 건넜다.

전쟁놀이

장마를 먹은 고추밭
탄저군 병력은 막강해서 남편의 병사 3분의 1은 전
사하고
부상병들은 내 손길 기다린다
나는 무장을 하고 부상병을 구출하는데
풀숲에 잠복해 있는 모기군들이 기습적으로 전자
총을 쏘아 댄다
내 손은 모기군을 향해 쏘았다 하면 불발탄

땡볕은 점점 자라나고 숨은 거꾸로 자라 등줄기에
도랑이 생긴다
온종일 구출한 부상병들 하우스에 가득 쌓이고
큰 키 선풍기도 지쳤는지 숨을 헐떡거리는 시간
내 등에 불화살 쏘아 대던 해 드디어
거류산 포로 되어 갇힌다.

제비

엄마는 오래 전 다리를 부러뜨렸다
소답동 윤 병원에서 고쳐 놓았지만
무릎 접을 수 없어 집 안에서만 파닥거렸다

필자 엄마랑 복금이는 엄마에게 교대로 동네 소식
부지런히 물어다 날랐다
마음 무던한 복금이는 아들딸이 보내주는 귀한 음
식도 물어다 날랐다
필자 엄마도 다리가 부러졌다
오래된 제비들이 사는 동네에서 간간이 생기는 일
엄마는 자주 마스크 쓴 제비.

호박

서리 맞아 말라 비틀어진 호박 줄기에
애기호박 한 개 매달려 있다

밤이면 창밖 자동차 불빛을 좇아
세상 더 봐 두신다고 잠을 밀치시던 어머니
기저귀 채워도 화장실만 고집하셨다
주사액 주렁주렁
휠체어로 변기에 옮겨 드리면
잦은 화장실 미안했을까
두 손으로 배를 꼭꼭 짜 내시고
따뜻한 물로 몸 닦아드릴 때면
새잎 돋을 기미 없는 호박 넝쿨
성한 것이라곤 틀니 두 개.

제5부

꽃

눈 뜨면 방귀 뽕뽕 꽃동산
이제 무엇을 심을까

서울서 창원 코로나 피난 두 손자
할머니 핸드폰 하며,
서로 손 내밀던 아이들
밥상 앞에서도 책상 앞에서도
티격 태격
낄낄 깔깔

학교 문 열렸다고
제 아비 따라 난 자리
적막이 앉아
고요를 흉내 내고 있다.

냉이

비닐하우스 위엔 겨울비 소리
먼지 뒤집어 쓴 벽시계는 밤 12시를 밀어내는데
칠십을 땅에 뿌리내린 두 사람
스티로폼 박스에 엉덩이를 쳐박고
새벽 경매장에 보낼

시금치를 다듬는다
냉이도 다듬는다.

구절산

어둠 깔리면 노동을 내려놓는다
도둑이 와도 하나 건져갈 것 없는 농막
벽을 더듬어 전등불 켜면
고라니 울음 하루의 안부를 묻고
구부정 싱크대는 달거락 달거락
사각 작은 식탁 위에 반찬통 줄 세워 놓고
수도승처럼 앉아 허기진 배 채울
내 남자

가을

아주 터널 벗어나
소동 구조라 들어서니
갯바람 등을 타고 차 안으로 날아드는 낯익은 냄새
잘 여문 풀 향기다

바다는 더 익어
대머리 윤들섬 아랫도리
검푸른 물빛이 나를 와락 끌어 안는다.

보물가방

낮잠에서 깨신 어머니
사물함에 든 빨강 가방 달라고 조른다
가방을 열어 놓으시고
쌀독 눈금 재 듯 한참을 들여다 보시더니
고히 접어 놓았던 검정 비닐 봉지를
조심스레 펼친다
그 속에 하얀 비닐 봉지 하나 더 있다
펼치니 또 손수건
저 속에 무엇이 들었을까
내 눈은 새앙쥐
숨 죽이며 침을 삼킨다
손수건을 조심스레 펼치는데
하얀 마스크 한 장 수표처럼 누워 있다.

삼재일

가라산 아래 관음사 법당
어머니 영정 앞에 엎드려 금강경 펼치는데
대웅전 앞 키 큰 소나무 가지에
두 까마귀 울음 주고받는다

해거름이면 장수 묏가에서도
우리 집 빈 마당 내려다보며 울어주던 낯익은 소리
그 시간 기우뚱 다리가 다리를 밀고
마당을 들어섰을 어머니
경로당 오가며 먹이 챙겨 주었다고
극락왕생 빌어주는 걸까
나보다 어머니 안부 더 챙겨주던 울음소리.

은어

　수박은 웃들에서 단물 채우는데
　삼랑진 강변 횟집엔 수박향기 찾아들고 나는 사
람들
　수족관 은어 떼 아직도 강을 거슬러 오른다고 생각
할까
　지느러미 힘차게 젓는 봄
　어쩌다 비늘을 입고 수박 향기로 태어나 이 수난
인가
　뒤기미 나룻터 바람은 나룻배 없어도 강을 건너고
　나는 철교를 나룻배 삼아 강을 건너는데

　저 수족관 은어
　생을 건너고 있다.

서대장

회원동 삼복도로 벚꽃 피는데
벚꽃길 옆 행복요양병원엔 사람들 진다

건너편 2층 사무실 사계절 밥 피는 곳
마음도 손도 부지런한 여주인 말도 조물조물 무
치고
반찬도 조물조물 무쳐 점심 시간이면 발이 줄 선다
그들이 붙여 준 이름 서대장

부모님이 지어 준 이름 바를 정자에 착할 선
평생 직장 구경 못해 본 남편 머리에 이고 산다며
들고 나는 사람들은
숟가락 젓가락.

어시장

1년 제사 여섯 번
짐자전거 짐오토바이 피해 가며 시장 한 바퀴 돌면
배 터지는 장바구니
눈 익혀 놓는 난장 할머니 채소전에서 잠시 어깨
펴면

고무다라이에 마른 밥풀 같은 톳
떨이 해 가라며 하시는 말씀

"요 오모 지갑 탈탈 털려야 집에 가제"

하회탈 같은 할머니 웃음에 내 웃음 포개며
봄바람 벚꽃 털 듯
내 지갑도 떨이 한다.

삼복

폭염주의보 문자가 더위를 부추긴다
가만 있어도 새어 나오는 땀
손 선풍기 잠시도 엉덩이 붙이지 못하고 오른뺨 왼
뺨 오가기 바쁜데
거실 구석 키 큰 에어컨 강 건너 불구경
거실창에 달라붙은 매미 한 마리
하메나* 하메나

눈치 긁었을까
옆집으로 날아간다.

　　　　* 혹시나

층간소음

이층 남자 코 풀무질 소리
지난여름 수명을 연장해서 쓰는 남편의 1톤 화물
차 시동거는 소리 같다
간 밤에도 놀라 깨어보니
새벽 3시 48분
켰다 꺼지고 꺼졌다가 켜고
내 잠은 방전.

깡통

동네 실비집
60 넘어 보이는 세 남자 소주잔 놓고
흘리는 이야기 줍는다

나는 평생 한 달 용돈 10만 원 받은 기라
월급 집사람 알아서 잘하것제 싶어
한 번도 안 물어봤제
그런데 요새 통장 보이 텅 빈 기라,
완전 깡통이라 카이

옆 남자 말 받는다
집사람은 내 월급 나오모 식구들보다
하나님인가 예수님인가 한테
먼저 갔다 바치더라 카이
요새는 딸딸 긁는 기라 긁어

이 친구들 참
너거 보이 오늘 내가 사꺼마

나는 생활비 빼고 내가 다 알아서
한다 아이가.

파업

　푸른 버스 사라지고
　정류장에 겹겹 쌓이는 사람들
　회산 다리 위로 붉은 띠 두르고 버스 한 대 시위하
듯 느릿느릿 온다
　차 문 열리고 통로에 쌓인 사람들 사이
　나를 구겨 넣는다
　시에서 긴급 투입되어 입만 있고 항문이 없는 관광
버스
　정류장마다 먹고 토하느라 속은 부글부글 끓어오
르는데
　차창문에 달라붙은 안내 아줌마
　안으로요 더 안으로 안으로요
　사람들 들어 내고 들어 올리며 8월 매미처럼 목소
리 세운다.

누수

안방 보일러 스위치 깜박인다
돋보기로 시력을 보충하고
보일러 사용설명서를 읽는다
물 보충하라는 지시

눈에 띤 노란밸브를 왼쪽으로 꺾는다
물소리를 기대했는데 바람소리
큰 밸브 작은 밸브 눈에 보이는 건 다 만져봐도 시
간만 샌다
서비스에 긴급 요청
노련한 솜씨로 갈증 풀어주는 기사
우리 할메 젖꼭지처럼 작고 까만 밸브가 물 공급
스위치라 알려준다
몇 번을 훑어도 내 눈이 샜나 보다
출장비 이만 원

요즘은 이렇게 안 만들죠
이건 25년 전에 나온 보일러고요

이 정도면 배관이 누수 된다고 봐야죠

새 배관을 교체하면
내 지갑이 누수 된다는 것.

겨울의 길목

대머리 감추느라 늘 모자를 눌러쓰는 정 씨
가발로 포장한 머리 그 짓도 귀찮아서
귓머리 몇가닥 섶다리처럼 이마에 걸쳐 놓은 이 씨
모자 가발 염색 다 필요 없다며
억새 피어도 당당한 김 씨

아파트 옆 키 큰 은행나무
잎 다 떨구고 남은 나뭇잎 서너 개 벗지 않으려고
매운 바람과 실랑이한다.

69새

천지못 찾아 무척산에 오른다
앞선 일행들 발자국 사라진 칠부능선에서
끓어 오르는 숨 달래는 나는 69세

모은암 법당 앞 너럭 바위에도 작은 천지 못 많다
바위에 자궁을 심어놓고 자식 샘 솟게 해 달라고
69처럼 앉고 서서 빌고 빌었던 옛어머니들

69세 뒤집어 놓으면 69새 될까
이쯤에서 천지못으로 푸드득 날아오르고 싶다.

그날

어둠 내리는 회원동 거리
보도 블록 위에 다 익어 떨어진 플라타너스 이파리
내 발에 밟히며 아프다고 우는 소리
와직끈 와직끈

내 그날처럼
와직끈 와직끈.

해설

신명자의 거제 장소시와
낙관주의의 아름다움

박태일

1. 거제도 금성산성, 그 너머 다포항

우리 땅에서 제주 다음으로 큰 섬 거제는 물 맑고 산 높고 사람들 인정스런 곳이다. 그런 만큼 경관 또한 빼어나다. 산이면서 바다고 바다면서 산이다. 거제 갯가, 물기슭을 낀 마을이 앉고 집들이 동백꽃처럼 피었다. 그래서 그런지 글쓴이 또한 거제에 갈 기회는 일찍부터 잦았다. 장승포로, 구조라 해수욕장으로 배를 타고 내딛었던 청소년기 나들이부터 시작해 둔덕성 높다란 성벽 아래로 바다 물길을 내려다보았던 청년기가 벌써 아슴하다. 거기다 이즈음에는 달리기와 맞물려 한 해 대여섯 차례는 거제에 들른다. 오랜 세월 가까운 남녘 바다 가운데서 빠지지 않는 여행지가 거제였던 셈이다.

그런데 그런 거제 가운데서도 글쓴이가 유달리 마음에 둔 곳이 몇 있다. 거제면 옥산의 금성산성도 그 가운데 하나다. 이름에 고운 옥에다 귀한 금까지 둘렀으니 경관이 빼어날 것은 당연한 이치다. 뒤로 계룡산을 병풍처럼 세우고 왼오른으로 멀찍이 노자산과 산방산을 거느린 채 남녘바다를 내려다보고 앉은 야트막한 산성이다. 만디에는 뒷사람이 금성대라는 누대를 세웠다. 멀리 남북국시대부터 시작해 고려와 조선 시대까지 증개축을 거듭했던 성벽은 그런 대로 옛 모습을 품은 채 철 따라 해 따라 무성한 풀숲을 이룬다. 19세기 중후반에 한 차례 증개축을 해 조선시대 마지막 축성 자리로 알려진 곳이기도 하다.

옥산은 계룡산에서 내려다보면 수정 보석이 솟은 듯하다고 수정봉이라는 옛 이름까지 갖고 있다. 그래서 성 이름을 수정산성이라 일컫기도 한다. 둘레 800미터가 채 되지 않는 야트막한 옛 산성에 글쓴이가 마음을 둔 까닭은 거기서 내려다보는 아름다운 거제 바다 경관 탓만은 아니다. 성 안쪽 못에서 나온 싸움돌(石丸) 무더기 탓이다. 외적이 쳐들어왔을 때 그들을 물리치기 위해 미리 준비해 둔 것이다. 거제 몽돌이 분명한 그들은 가까운 둔덕성을 비롯해 몇몇

산성에서 찾을 수 있다고 한다. 그런데도 옥산 금성산성의 싸움돌이 각별하게 여겨지는 까닭은 어느 곳보다 빼어난 경관과 그와 맞서는 싸움 사이의 대조가 너무나 뚜렷한 까닭이다.

어떤 개인이나 조직, 무슨 사회에서도 평화와 폭력, 갈등과 싸움은 겪게 마련이다. 그러한 사실을 역사 속에서 새삼스럽게 떠올리게 만드는 것이 옥산의 싸움돌 무더기다. 그러면서 그것은 내 땅, 내 이웃을, 내 가족, 나를 지켜야 한다는 결의가 단단히 옹근 상징물이다. 거제 바다와 삶이 겪었을 숱한 폭력과 화평한 삶을 향한 노력, 그 좌절의 고통과 극복의 꿈을 알게 모르게 일깨워 주고 있는 것이 옥산성 싸움돌이다. 그것이 실제에서 삶과 죽음의 경계를 다투며 피를 튀기는 전장의 무기로 쓰일 상황이라면 참으로 불행한 일이다. 그런 불행에 앞서 그런 일이 오지 않도록, 그런 일에 맞서 결코 지지 않겠다는 결의가 담긴 셈이다. 그런 점에서 옥산 금성산성 싸움돌은 거제 지역이 겪었던 삶의 표상일 뿐 아니라 앞으로 일구어나갈 밝은 앞날의 표상이라 할 만하다.

그런데 근대 100년을 한참 지난 오늘날, 거제 지역문학에서 옥산성과 같이 예사롭지 않은 울림을 주는 시는 없는가? 거제의 자연과 삶을 함께 누리고 뒤

세대에게 이어줄 바람직한 지역시를 어렵지 않게 찾을 수 있으리라 생각하고 들춰 보았다. 그럼에도 끝내 눈에 띄지 않는다. 거제 근대시의 출발지라 할 수 있을 1950년대 김기호 시조에서부터 그 점이 뚜렷하다. 그이 것은 품격을 잃지 않은 작품임에도 거제 지역이나 장소와 거리를 둔 밋밋한 일반 시조였을 따름이다. 1960년대 이후 오래 거제를 지켰던 옥미조의 동시에서조차 거제 지역성은 문제가 된 적이 없다.

이러한 거제 지역문학의 전개 과정으로 볼 때, 2000년대 신명자 시인의 존재는 특별하다. 왜냐하면 그미 시는 이제까지 한 차례도 이루어지지 않았던 본격적인 거제 장소시를 겨냥하고 있기 때문이다. 거제의 풍속과 거제 사람이 겪은 갖가지 사연, 거제 장소가 품어 안은 삶의 진실과 곡절이 물메아리쳐 드높은 울림을 마련한다. 신명자의 고향은 금성산성이 있는 거제면에서도 다시 남쪽, 남부면 다포항이다. 노자산을 넘거나 한산도 쪽으로 뱃길을 타고 나섰다 다시 장승포 쪽에서 크게 꺾어야 닿는 곳이다. 서쪽으로 도토지재를 넘으면 저구항에 닿고, 해금강에서 한목을 지나 학동까지, 거제 명산 노자산과 가라산이 길고 두터운 그늘을 내리는 갯가 마을이다. 갯기슭의 들고남이 곱기로 이름 높은 그런 곳에서 신명자는 태를 묻고 자랐다. 스물다섯까지 다포항에서 살았다. 그리고 혼인 뒤 마산으로 옮겼던 천생 거제 사람이 그미다.

그런 신명자 시인이 이제 첫 시집 『거제, 파도로 깎은 시』를 낸다. 시집 제목에서부터 거제와 거제 사람이 겪고 누렸던 삶의 기쁨과 고통, 양달과 응달의 드넓은 곡절을 굽이굽이 펼쳐 보이겠다는 포부가 잘 드러난다. 그래서 그런지 신명자 시는 본격 장소시라 할 만하다. 1950년대부터 거제의 근대, 예와 오늘을 떠올리게 하는 풍속과 거제 사람이 엮어온 나날살이의 인정, 사연을 속속들이 그려 담은 실타래다. 그런 점에서 사람 나이 일흔둘에 내는 신명자의 『거제, 파도로 깎은 시』가 소중하고 첫 시집이 유별나다. 늦깎이 시인 신명자는 무엇보다 거제에 뿌리 박은 거제의 딸이다. 거제에서도 옥산 금성산성처럼 작으나 단단하게 중심을 잡고 앉은 채 역사의 높낮이를 고요히 감당할 뿐 아니라 슬프나 아름다운 장소 체험을 펼쳐 보인다.

2. 거제의 산·바다·사람, 그리고 시

신명자는 사람 나이 일흔둘이다. 늦깎이 시인이다. 그런데 작품 안쪽을 들여다보노라면 그러한 생리적 나이는 전혀 그미의 창작적 열정에 걸림돌이 되지 않음을 알 수 있다. 오히려 생리적 나이가 거제 장소 시로서 신명자 시의 특장을 더하는 데 이바지한다. 그런 점을 흔히 연륜이라는 말로 표현한다. 거제 지역의 지역 가치와 장소 경험을 뚜렷하게 담은 신명자의 시는 시간적으로는 1950년 전후에서부터 오늘날에 이른다. 공간적으로는 거제를 중심으로 그미가 잠시 머물렀던 통영과 부산을 건너 마산, 창원, 고성으로 넓혀 나간다. 시공간적으로 신명자의 시는 연륜에 걸맞게 넓고도 깊은 장소 응집성과 그것이 큰 메아리를 들려준다. 그 중핵은 마땅히 거제다.

> ①아침이다 싶으면 저녁 따라붙는다
> 눈 치켜뜨면 큰 키 가라산
> 발목 아랜 몽돌 다지는 파도
> 집 한 채 동백나무 틈에 산다
> 한목에서 학동 갈 때 보이고 올 땐 숨은 집
> 산꼭대기 해 걸리자마자

줄줄이 아이들 골라 눕히기 바쁜 부부

밤낮으로 아이만 만든다고

소문 퍼다 나르는 윗동네 사람들.

-「구망」 가운데서

②저구 만데이를 사람들은 도토지재

할머니는 도톨구지재 도톨구지재 하셨다

그곳에 올라서서 동쪽 바라보면 다포

등 뒤엔 면소재지 저구

뜨는 해도 지는 해도 붉었다

-(줄임)-

어느 날 아버지 같은 남편과 아이 셋 데리고

도토지재 나타난 여자

소나무 쉼터 위 얼기설기 집 지어 술밥집 차리니

뽀얀 살결 인물 받쳐 줘

들고 나는 사람들 붙여준 이름

곱다이, 곱다이

어른들도 곱다이 고개

아이들도 곱다이 고개.

-「곱다이 고개」 가운데서

①은 거제 동부, 남부에서도 가라산과 함께 높은 산에 드는 노자산 아래 곳 구망을 다루었다. 시인의 고향 다포에서 학동으로 나가다 보면 만나는 곳이다. 지금은 흔적없이 사라졌지만 내외가 사는 집이 한 곳 있었다. "아침이다 싶으면" 벌써 "저녁이 따라붙"어, 해 일찍 지는 안돌이 응달이다. 그러다 보니 "산꼭대기 해 걸리자 마자/줄줄이 아이들 골라 눕히기 바쁜" 내외가 산다고 윗동네 사람들은 짐짓 놀렸다. "밤낮으로 아이만 만든다"는 우스개가 그것이다. 구망의 외딴 집 내외는 마음이 늘 바빴겠지만 그에 나란히 그들이 일군 삶은 다른 집들보다 훨씬 넉넉했으리라. 신명자는 노자산 아랫마을의 원경을 한바가지 웃음과 함께 읽는이들에게 선물한다.

그에 견주어 ②는 구망과는 반대 쪽 마을, 저구항으로 넘어가는 도톨구지재 풍광을 그려 보인다. 가라산 자락이 걸음을 죽죽 늘어뜨려 남쪽 더 낮은 망산으로 내려서는 가운데 있는 재다. 시인의 표현대로 "그곳에 올라서서 동쪽 바라보면 다포/등 뒤엔 면 소재지 저구"로 가는 길목이다. "뜨는 해도 지는 해도 붉"었던 그곳에 어느 해 "아버지 같은 남편과 아이 셋 데리고" 여자가 나타났다. "소나무 쉼터 위 얼기설기 집 지어 술밥집" 차린 것이다. "뽀얀 살결 인물 받쳐 줘/들고 나는 사람들"이 '곱다이'라고 불렀다는 그미다. 어린 소녀 신명자는 그미로부터 강한 인상을 받았던 것 같다. 어른들이 말하는 곱다는 뜻을 곱다이댁의 "뽀얀 살결"로 배웠을 소녀다. 그 곱다이의 곱다이집은 뒷날까지 시인의 마음속에서 오래 되새김질을 했다. "아홉산 고개" 넘고 "도토지재 올라" 서면 "환갑도 훨씬 넘은 곱다이"의 집이 그곳이다. "망산 오르는 등산객 발길"(「상현달」)에 차였던 곱다이집은 지금은 없다. 대신 망산 위로 달마다 곱다이 닮은 보름달이 뜨고 질 따름이다.

    ①어여차 어여차
    저 그물에 걸린 멸치 떼는 대마도에서 건너오는 중이었을까
    건너가는 중이었을까
    여차를 삥돌아 성무이섬 노저어 오가던 아버지 뱃길에도 저 그물 같은 파도 숨어 있었지
    가마솥에서 다시 태어나
    쭉쭉빵빵 멸치는 새 옷 단장하고 서울 부산 떠나고
    허리 굽어 등 터진 멸치는 우리 밥상 차지.
-「멸치」 가운데서

②밤낮으로 바가지 싹싹 긁어대는 파도에 대머리
　그래도 가슴은 넓어 전복 소라 미역 우무가사리
　웬만한 바닷속 식구 다 품고 산다
　봄이면 우리 동네 날아드는 서귀포 아가씨들
　기름기 없는 노란 갈조밥을 먹어야 물에 동동 뜬다고
　모래 같은 갈조밥 양푼이에 수북이 쌓아 놓고 김치
몇 가닥으로 그 밥 다 배 채우고
　아침부터 저녁까지 시집 갈 밑천 캐느라
　누리섬 아랫도리를 붙잡고
　자지러지는 숨비소리.

-「누리」 가운데서

　①은 거제에서 오랜 세월 독특한 어업으로 발전
한 멸치잡이를 다룬 작품이다. 멸치 떼의 회유를 떠
올리면서 "대마도에서 건너오는 중이었을까/건너가
는 중이었을까"라 짐짓 말한다. 오늘날 남녘바다에
서 대마도까지 너른 바다를 품어 안은 경험적 상상
을 펼칠 수 있는 이가 얼마나 있을까. 좋은 날이면 멀
리 대마도를 버릇처럼 품고 살 수 있었던 남녘바다
사람의 체험적 진실이 속속들이 살아나는 시줄이다.
거기다 하루 뱃일에 지쳐 돌아오는 아버지의 뱃길

을 두고 "그물 같은 파도"라 읽었다. 놀라운 섬세함이다. 그물은 아버지의 삶을 옥죈 가난의 증표지만, 나아가 아버지 뱃길을 뜻한다. 한 땀 한 땀 배가 기워 내는 파도를 일컫는다. 거제 바다를 온몸과 마음으로 겪은 이가 아니라면 담을 수 없을 머그림이다.

②는 바다에 더 가까이 다가선 근경이다. 다포항, 시인의 고향 마을이다. 봄마다 동네로 갈매기처럼 "날아드는 서귀포" 잠녀들의 밥상은 희귀한 경험 가치를 지닌다. 바다가 품고 산 "바닷속 식구"들인 갖가지 해물은 서귀포 잠녀뿐 아니라 시인의 마을을 넉넉하게 살려냈다. 야트막한 망산 아래 여차와 홍포를 바라보며 떠 있는 작은 섬 '누리'(누렁섬)를 중심으로 이루어진 제주 잠녀의 물질이 선연하게 옹글었다. 그러한 바다에는 시인의 아버지, 어머니뿐 아니라 시인도 언제부터 같은 뱃사람이었다.

　　①바람이 부는 날이면 갯바위를 때리는 파도
　　식구들은 그 파도의 높이를 잘 안다
　　밤새 숨을 죽이며 어둠을 방파제 삼아
　　아침이 될 때까지 마음을 졸여야 된다는 것
　　바람이 자면 파도도 잠잠해지고

하늘과 바다가 서로 몸을 포갠 수평선에서 해가 떠
오르면

밤을 건너 뛴 아버지

밥상 앞에 앉아 잔기침 풀어놓으신다.

-「아버지와 바다」 가운데서

②태풍 매미가 쓸고 간 와현 지나 지세포

서이말 등대 가는 화살표 눈에 훅 꽂힌다

저 등대는 순한 눈빛이지만 물길은 속에 화가 꽉 차
있어

어머니 부산 뱃길 떠나는 밤이면 서이말 등대 물길
은 잘 건넜을까

그런 날 나는 잠든 동생들 얼굴 지키며

밤을 건넜다.

-「벌초 길」 가운데서

위에 올린 ①과 ②는 거제 바다와 맞닥뜨려 겪은
가족지를 담았다. 밤새 "어둠을 방파제" 삼는다는 표
현은 뼛속 깊은 바닷사람에게서나 나올 수 있는 표
현이다. "하늘과 바다가 서로 몸을 포갠 수평선"은
또 어떤가. 거제 바다가 신명자의 눈길 안에서 생생

한 모습으로 다시 태어난 자리다. 그리고 그런 바다 위에서 고된 노동으로 "밤을 건너 띈" 아버지가 늦은 아침 밥상을 받는다. 삶의 고통이 고통만으로 주저 앉지 않고, 더 넉넉한 바다의 품속에서 평안을 찾아 가는 모습으로 되살고 있는 셈이다.

시인 신명자는 거제 바다가 마련해 주는 속 깊은 사연을 누구보다 깊이 이해하는 사람이다. 거제 고 향을 향해 서면 곳곳에서 기억은 중첩되고 삽입되고 뒤섞이면서 새로운 기억을 재창조한다. ②는 그러한 추회의 시간을 담담하게 그려 냈다. 아버지 밤 뱃길 못지않게, 도시로 팔려 갈 커다란 어물 더미에 얹힌 어머니의 고단한 뱃길이 그것이다. 아버지도 어머니 도 바닷길을 섬기며 산 이들이다. 그런 어버이가 거 제에는 얼마나 많았을 것인가. 어버이를 바다에 맡 긴 어린 딸은 집에 남은 더 어린 동생들을 돌보며 밤 잠을 혼자 건넜다. 바다 사람의 딸로서 익은 대견스 러운 버릇이다.

이렇듯 신명자의 시는 산이면 산, 바다면 바다, 거 기다 그 안에 사는 거제 사람의 삶이 하나로 녹아 든 모습을 활짝 펼친다. 산, 바다, 사람은 따로 떨어 진 셋이 아니다. 그들이 하나로 얽혀 감도는 삼위일 체의 역동적인 경험과 상상력이 풍요롭다. 고스란히 거제가 지닌 특장이기도 한 됨됨이다.

　①허리띠 졸라매도 비집고 들어 갈 인심은 있이
　봄 질 무렵 되면 아침 밥때마다 사립문 기웃대는 남
자들
　어머니는 사이군 또 왔다,
　따신 밥 좀 퍼 줘라 하셨다

　미국에서 건너온 분유 깡통과 낡은 군모 밥통
　집집 얻은 꽁보리밥 위에 우리 밥 얹어 줄 때
　해진 군복 사이 기둥처럼 서 있던 외다리에 갈고리 손
　움직일 때마다 쇳소리 났지만
　두 눈은 별 계급장.
-「무명용사」 가운데서

　②남편 죽은 지 얼마나 되었을까
　마귀를 잡았다며 집 뛰쳐나온 여자
　색기에 눈 어두워 초등학생 외아들을 잡았다는 소
문이
　어망 멸치 떼처럼 한동안 파닥거렸다

　-(줄임)-

고향 제주도로 갔다고 했고
감방으로 갔다고도 했다

몇 년이 더 흘렀을까
고향집 언덕 아래 빈집 팔렸다
그리고 작은 교회 들어섰다

새벽마다 종을 울리는
전도사 이화.

-「이화」 가운데서

①과 ②는 시인이 어릴 적 만났던 거제 사람에 관한 기억을 담았다. ①에서는 '사이군', 곧 "외다리에 갈고리 손" 상이군인들과 '따뜻한' 아침밥을 나누는 모습이다. 어머니로부터 "허리띠 졸라매도 비집고 들어 갈 인심"을 배운 인정스런 딸이다. 그러니 그러한 기억을 굳이 되새겼다. 그에 견주어 ②는 어릴 적 겪었던 두려운 소문의 기억을 완성하고 있다. "어망 멸치 떼처럼 한동안" 마을을 파닥였던 소문은 '색기' 탓에 어린 아들을 잡았다는 것이다. 어린 깜냥으로 알 수 없는 그 소문이 시인에게 떠안겨 준 것은 풀길 없는 물음과 막연한 두려움이었을 것이다. 그런

데 그렇게 떠 흘러 마을을 떠났던 '이화'가 몇 년 만에 되돌아 온 것이다. "고향집 언덕 아래 빈집"을 사서 "작은 교회"를 이루었다. "새벽마다 종을 울리는/전도사 이화"는 어린 날의 두려움을 시인에게 생생하게 일깨워준 사람이다. 그러한 막연한 두려움은 이화의 안정적인 귀향과 더불어 사라졌다. 기억이란 모든 기억은 그것이 아무리 슬프고 고통스러운 것이라도 추억이라는 형식 안에서는 아름답게 화해한다. 그러한 참을 신명자는 따뜻하게 담아냈다.

뙤약볕 이고 앉아 미역단 다듬던 손 끝엔
자식 일곱 학비가 매달렸고
남편 술값도 전대를 찼다

샛바람도 밤이면 잠을 잔다고
어둠 내리는 선창 미역 가득 실은 부산 뱃길 창성호
서이말 등대 물길은 밤에도 잠들지 않아
파도 달고 날아오르던 배 바닥, 쪽잠 그녀도 날아올랐다
새벽 남포동 건어물 상회 미역 풀어 놓고
쌀 고구마 이고 들고 영도다리 걸어서
신선동 중학생 아들 자취방까지 갔다 왔다

숨 돌릴 틈 있었을까
동태 다라이 이고 배에서 내리시던 그녀
자글자글 미역귀 모습.

-「진을수 여사」 가운데서

시인이 담아낸 거제 사람 가운데 대표적인 이다, 어머니. 그럼에도 시인은 일컬음을 '여사'라 썼다. 보다 객관화하고자 한 셈이다. 될 성부르지 않을 그 일을 시인은 조심스레 마무리했다. 어머니의 "미역단 다듬던 손 끝"에 "남편 술값도 전대를 찼다"는 말에는 아버지의 호주벽이 묻어난다. 샛바람 타고 고향 마을에서 뱃길을 따라 부산으로 나가, 거둔 마을의 미역을 팔러 가는 어머니의 멈출 줄 모르는, 울렁울렁 파도밭 쪽잠 속에서 시인을 비롯한 형제들의 잠도 함께 날아올랐다. 도회로 나간 기회를 봐서 아들 뒷바라지, 일용품 구입까지 한 마당 더하고 난 뒤에 돌아오는 어머니를 기다리며 시인은 함께 조바심이 깊었을 것이다. 그런 끝에 "동태 다라이"를 인 어머니를 맞이하면서 시인은 "자글자글 미역귀 모습"이라 썼다. 자칫 그 이름만으로도 허방 아래 떨어지는 격정으로 내몰 어머니, 그 어머니를 향한 애틋함과 그리움을 시인은 끝까지 객관화시키고자 했다. 참을

수록 더 마음 안쪽 저 밑으로 마냥 뚜둑 지는 눈물과
도 같은 시간이 고스란히 시인의 "자글자글 미역귀"
에 담긴 셈이다.

> 농로 옆 무논 왜가리 한 마리 논바닥 쫀다
> 작년엔 짝지어 새참 개구리도 나누어 먹더니
> 한 마리 어디로 갔을까
>
> -(줄임)-
>
> 외아들 매물도 바닷길에 먼저 보내고
> 새참 챙길 새도 없이
> 늘어진 어깨 어둠 걸치고
> 꽁당꽁당
>
> -「작은할메」 가운데서

작은할메 또한 시인에게는 어머니와 마찬가지로,
어머니에 앞서서 거제 섬사람의 삶을 표상하는 한
사람이다. 외아들을 매물도 바다 밑에 먼저 묻은 고
달픔. 남은 슬픔이 어찌 시큼시큼 파도 이랑처럼 절
절하지 않았으랴. 철 따라 논배미를 쪼는 왜가리를
닮은 작은할메의 삶에 대한 깊은 공감이 잘 녹아든

시다. '꽁당꽁당' 왜가리의 부리질과 작은할메의 고단한 노동을 하나로 묶는 솜씨가 뛰어나다. 거제의 산과 바다, 그리고 그 안에서 삶을 가꾸는 사람들이 하나로 중첩하고 끼어들고 녹아들 뿐 아니라 드높이 부푸는 기억의 연금술을 시인은 즐겨 읽는이 앞에 펼쳐 보인 셈이다.

3. 낙관주의 전망과 웃음의 힘

신명자 시의 많은 자리는 회고와 추억의 방식으로 이루어진다. 그러면서도 그것은 지나간 시간의 것으로 머물지 않는 생생하다. 무엇보다 구체적이고도 꼼꼼한 경험 재구성과 표현으로 말미암은 일이다. 그런 까닭에 신명자의 시들은 단순히 거제 풍경시나 지난 날 풍속을 얹은 죽지사 유형과는 질적으로 다르다. 시인과 표현 대상, 기억과 상상을 한가지로 녹여 내는 빼어난 표현력이 그 바탕이다. 신명자의 거제시가 소박한 장소 경험을 뛰어넘은 놀랍고도 넉넉한 울림을 우리에게 안겨 주는 까닭이 거기서 비롯한다. 그런데 그 안쪽으로 더 들어서면 그 점은 기존의 장소시나 장소 상상력의 시들이 갖지 못했던 삶의 태도에서 비롯했다는 사실을 눈치챌 수 있다.

주방 흰 타일 벽
까만 땅거미 한 마리
글자를 써 내려가듯 기다가
물음표 찍듯 딱 멈춘다

-(줄임)-

나물 데친 물은 식혀서 도랑에 붓거라
게 사는 실지렁이도 생명이니,

할머니 말씀 떠올린다.

－「할머니는 박 보살」 가운데서

신명자의 생각머리, 곧 본데를 잘 보여 주는 작품
이 「할머니는 박 보살」이다. 도랑에 사는 "실지렁이
도 생명이니", "나물 데친 물"조차도 그냥 버리지 말
고 "식혀서 도랑에" 부어라는 가르침이 그 실마리다.
놀라운 생명 사랑, 생명 존중이다. 그런데 이러한 생
각머리는 불가 쪽 인연이 닿은 사람들에게는 자연스
러운 삶살이다. 그러한 생명 존중, 생명 화평의 마음

자리는,

　　가라산 아래 관음사 법당
　　어머니 영정 앞에 엎드려 금강경 펼치는데
　　대웅전 앞 키 큰 소나무 가지에
　　두 까마귀 울음 주고받는다

　　해거름이면 장수 묏가에서도
　　우리 집 빈 마당 내려다보며 울어주던 낯익은 소리
　　그 시간 기우뚱 다리가 다리를 밀고
　　마당을 들어섰을 어머니
　　경로당 오가며 먹이 챙겨 주었다고
　　극락왕생 빌어주는 걸까
　　나보다 어머니 안부 더 챙겨주던 울음소리.

-「삼재일」 가운데서

　와 같은 데서 그대로 피어 있다. 어머니 삼재일 법당 밖에서 울어주는 까마귀를 두고 자신보다 "어머니 안부 더 챙겨"주는 "울음소리"라 쓸 수 있는 상상적 비약은 아무나 가능한 경지가 아니다. 이러한 넉넉하고도 화평스러운 세계는 신명자 시를 단순한 특정 지역 거제의 장소 경험이나 풍속 재현에 머물지 않는 품격과 높이를 갖게 만든다.

신명자 시의 세상 읽기에서 드러나는 이렇듯 화해로운 마음씨를 글쓴이는 낙관주의 전망이라 이름 붙인다. 슬픔을 슬픔으로, 비극을 비극으로 끌어가지 않고 끝내 화해하고 미래를 향한 웃음으로 넘어서고자 하는 넉넉한 현실 긍정의 자세가 그것이다. 그런 까닭에 위의 시 「할머니는 박 보살」은 그러한 신명자의 낙관주의가 터 잡은 바탕을 잘 보여 주는 작품이라 할 만하다.

①대낮부터 마신 술 안방문 댓바람 타고
여자는 윗집 아랫집 헛간 찾는 다람쥐
큰딸 영이 마산 자유수출지역으로 달아났다

동네 목수 문 씨 그 손재주가 웬수
마누라 놓치면 집 안에 딸린 가재도구
몽땅 마당으로 내모는데
손에 눈금자 달렸을까
제 손으로 고칠 수 있는 것들만 골라 내몰아 놓고
다음날 새벽부터 망치소리 톱질소리
온 동네가 욱신거리고
한 집 건너 우리 집은 더 욱신거렸다.

-「문 목수」 가운데서

②뜨거운 물도 금방 삼킨다, 겨울 도랑물은

검정 비누칠해 방망이질하면 빨래돌에 문어발처럼

달라 붙는 옷가지들

내 손인지 남의 손인지 감각 없어진 손으로

빨래줄에 널어 놓으면

아버지 어머니 옷은 어제 낮 두 분이 다투던 모습으

로 굳어 가고

동생들 옷은 겁에 질린 모습

햇살 퍼진 오후가 되면 밤에 화해했을까

아침 겸상 마주한 두 분 얼굴처럼 바람 타고 놀지만

한파가 몰아치는 날이 길어지면 우울한 가족놀이도

계속한다.

-「빨래」 가운데서

위의 ①과 ②는 신명자의 낙관주의가 어떻게 슬
픔을 웃음으로 이겨내는가를 보여 준다. ①은 동리
에서도 이름 드높은 목수 문 목수에 관한 다중 보고
서다. 대낮부터 술을 마서 아내를 뺑소니치게 만들
고, 큰딸은 그러한 아버지를 벗어나기 위해 마산수
출자유지역으로 달아났다. 수가 틀린다 싶으면 아내

를 닦달하다 그도 양에 차지 않으면 목수답게 온 집 안의 물건을 내다 버리고 부순다. 그러나 손재주는 어디로 가는 게 아니어서 자신이 손대고 고칠 수 있는 것만 던진다. 그런 뒤 다음 날에 깨면 새벽부터 다시 손질하느라 부산스럽다. 그 망치 소리, 톱질 소리에 동네는 아침잠을 벗겨 내리지 않을 수 없었다. 얼마나 성가시고 괴로웠으랴. 그런데 신명자는 이렇듯 비상한 슬픔을 전혀 슬프지 않게 담아냈다. 문 씨 행각에 "온 동네가 욱신거리"는데, "한 집 건너 우리 집은 더 욱신거렸다"고 썼다. 고통스러운 동리 사람들의 심사를 '욱신거렸다'는 표현으로 끌어올림으로써 문 씨의 행패를 그냥 받아들이고 넘어갈 만한 아픔 정도로 변화시켰다. 슬픔을 오히려 웃음을 머금은 상황으로 역전시킨 셈이다.

②는 동리 여러 집 가운데서 시인 자신의 집안 형편을 담아낸 작품이다. 도랑물에 "검정 비누칠해 방망이질하면" 옷가지들이 "빨래돌에 문어발처럼 달라"붙는 차갑고도 차가운 겨울이다. 그 빨래감을 "감각 없어진 손으로/빨래줄에" 널라치면, 아버지 어머니 옷은 금방 어제 낮 두 사람이 다투던 모습처럼 굳어간다. 그러다 "햇살 퍼진 오후가 되면" "아침 겸상 마주한 두 분"처럼 "바람 타고" 논다. 그러다 한파가

길어지는 때는 다시 "우울한 가족놀이"를 거듭한다. 어릴 날 엿보았던 아버지, 어머니 사이의 불화와 화해의 상황을 겨울 추운 날, 얼었다 녹았다 다시 어는 빨래감 상황으로 바꾸어 놓았다. 그것을 "우울한 가족놀이"로 바라보는 말할이의 여유가 새삼스럽다. '우울한' 가정 상황을 '놀이'로 되쳐 담음으로써 그런 환경이 전혀 우울하지 않은 가족의 자연스러운 삶의 과정으로 녹아든 셈이다. 읽는이들이 이 작품을 빌려 느끼는 것은 아버지, 어머니의 불화와 같은 가족의 긴장 상황이 아니다. 오히려 그것을 바라보는 신명자의 넉넉한 마음자리다.

①아버지 술에 젖은 날 저녁
밥상 앞에 앉은 어머니 염불 외 듯 잔소리 길어지면
십중팔구 마당 너릉바우 아버지 밥상 공양 받는다

말이야 바른말로 염밭 가 우리 집
태풍 사라가 떠밀어버려 물가가 무섭다고
동네에서 제일 높은 곳에 집 지을 때
텃밭 돌무지로 아버지 손수 담장 쌓고 축대 앉히는데
너릉바우 하나 꿈쩍 않고 아버지와 맞짱 떠
마당 한가운데 터주대감 되었다

어머니는 못 낳던 아들 둘이나 얻은 것은

순전히 저 바우 덕분이라며 복바우 복바우 신처럼 떠받들면서

공양은 늘 아버지께서 올리신다.

-「공양」 가운데서

②여차 너머 항개 백 씨, 갈곶리 양 씨,

다포 우리 아부지 아들 낳기 달리기

다섯째 막내딸 고추밭에 터 팔아 남동생 태어나니

아부지 일찌감치 결승점에 깃대 꽂으시고

백 씨 양 씨 계속 달린다

백 씨 여섯 번째 딸 낳으면 양 씨 따라 여섯 번째 딸

양 씨 일곱 번째 딸 낳으면 백 씨 따라 일곱 번째 딸

숭어 망재비 양 씨

숭어 떼는 맞추면서 아들 물때는 못 맞춰

여덟 아홉 번째도 딸딸

백 씨도 뒤질세라 아홉 번째 따라 잡는데

드디어 결승점에 먼저 도착한 양 씨

두 손 번쩍 들어 올리며

내 아들 불알이

하늘 댕구만 하요.

-「달리기」 가운데서

①「공양」과 ②「달리기」는 신명자의 낙관주의가 활짝 핀 모습을 보여 준다. "아버지 술에 젖은 날 저녁/밥상 앞에 앉은 어머니" 잔소리에 "십중팔구 마당 너릉바우 아버지 밥상 공양 받는다"로 시작하는 ①은 그러한 웃음을 가족 안쪽에서 자아낸 작품이다. 시인의 집은 그 무섭던 1959년 9월 사라호 태풍으로 파도에 떠밀려 가버렸다. 다시는 그런 일을 겪지 않겠다고 아버지는 동네 "제일 높은 곳"에 새 살림집을 앉혔다. 그때 "너릉바우 하나 꿈쩍" 않아 하는 수없이 그대로 둔 채 집을 지었다. 그 뒤로 그것은 집안의 터주 대감처럼 바뀌었다. 왜냐하면 그 뒤로 못 보았던 아들 둘을 낳을 수 있었기 때문이다. 그 바위 덕택이라 여긴 어머니는 "복바우 복바우"라 섬겼다. 그런데 정작 그 복바위에 치성은 어머니가 드리는 것이 아니었다. 어머니 잔소리가 길어지면 십중팔구 아버지는 밥상을 그 바위에다 던져 엉뚱한 '공양'을 바쳤다.

아버지의 잦은 술과 잔소리, 그리고 내외 싸움으로 이어지는 흔한 시골집의 소란스러운 정경이 마당

한쪽을 떡하니 차지하고 앉은 너릉바위를 중심으로 한바탕 웃음밭을 마련했다. 놀라운 표현력이다. 아버지의 밥상 떼기장 치기를 밥상 공양이라는 비유로 넉넉하게 넘어선 모습에서 시인 신명자가 지닌 낙관주의 전망이 선연하다. 어린 마음에 아버지 어머니가 벌이는 내외 싸움 정경은 울음과 무서움으로 마구잡이 마음을 옥죌 수 있을 일이다. 그런 사건을 너른 꽃밭의 낱낱 꽃끼리 아름다움을 뽐내는 정경으로 환하게 되돌려 놓은 셈이다.

①이 가족 안쪽 사건을 중심으로 신명자 시의 웃음을 보여 준다면, ②는 그와 달리 마을 바깥으로 웃음 마당을 넓혀 놓았다. "여차 너머 항개 백 씨"와 "갈곶리 양 씨" 거기다 '다포' 시인의 '아부지'는 언제부터 "아들 낳기 달리기"를 벌이는 사이가 되었다. 딸딸딸로 이어진 이력이 가깝고 먼 마을에 자랑이자 곤혼스러움으로 알려진 세 사람이다. 그런데 아버지는 남동생을 낳아 그 달리기에서 맨 먼저 결승점에 닿았다. 아들 낳기 달리기의 1등은 단연 아버지였다. 그러한 아버지의 자부심을 한껏 담아내기 위해 시인이 우리 '아버지'가 아니라 우리 '아부지'라는 생생한 지역어를 썼다.

아버지 뒤에 남은 백 씨와 양 씨 둘은 여섯 번째, 일곱 번째로 딸을 보았으면서도 앞서고 뒤서며 번갈아 아들 낳기 달리기를 이었다. 그러다 마침내 그 경쟁은 "숭어 망재비" 양 씨의 승리로 막을 내렸다. "숭어 떼는" 잘 "맞추면서 아들 물때는 못" 맞추었던 그이가 드디어 열 번째로 아들을 본 것이다. 두 손 번쩍 들고 온 마을에 메아리치도록 "내 아들 불알이/하늘 댕구만 하요"라 외친다. 자랑찬 그 목소리는 한동안 마을 앞바다 파도소리를 이겼을 터다. 지난 시절 다포 앞바다를 떠나 장승포, 거제읍까지 떠돌았을 아들 낳기 달리기의 소문이 신명자의 기억 재구성을 빌려 환한 웃음 타래로 되살아났다.

바다 파도밭에서 또는 산자락 비탈밭에서 사람인 듯 짐승인 듯 어렵고도 고된 생계 노동의 험로를 달렸을 숱한 거제 사람들이 있었다. 그들이 겪은 아픔과 시름, 드러내지 못한 온갖 간난과 비극적 상황을 싸안은 한 시대 풍광이 웃음이라는 겉껍질을 입고 빛나는 작품이 「공양」과 「달리기」다. 아버지가 냅다 던지는 밥상과 드디어 양 씨가 백 씨를 이기고 딸딸 아홉에 이어 마지막 열 번째로 아들을 얻었던 그 '승리'의 기쁨과 웃음 아래 얼마나 짙은 엄마들, 딸들의 슬픔과 서러움이 굴쩍처럼 달라붙었을 것인가.

이렇듯 가족 안쪽의 불화를 극복하는 웃음이나 인

근 마을 공동체로 번지는, 드높은 울음과 웃음의 파고는 거제 파도의 높낮이를 닮아 오래오래 읽는이를 웃음밭으로 이끌 것이다. 그러한 웃음의 확대는 단순히 시인의 재치만으로 이루어질 일이 아니다. 몸속 깊숙이 낙관주의가 체화된 이의 생각머리가 아니라면 빚을 수 없을 아름다움이다. 슬픔과 즐거움, 비극과 희극을 더 크고 넉넉한 웃음으로 메아리치게 만드는 낙관주의는 신명자 시의 자리를 특정 지역, 특정 개인의 성취가 아니라 우리 모두의 면면한 전통을 되새기게 이끄는 본보기로 올려 세운다. 오늘날에는 보기 힘든, 드높은 웃음의 나울과 빛나는 물비늘의 아름다움의 자리다.

이러한 신명자 특유의 웃음은 "내리 딸 다섯 아내 두고" 어쩔 수 없이 작은댁을 본 '통장님'이 아들을 낳은 뒤 떡하니 안방 차지를 한 작은댁에게 몇 남지 않은 머리카락까지 뽑히는 사연을 담은 「통장님」과 같은 작품에서도 쉽게 찾을 수 있다. "낮에는 큰 각시/밤에는" 이웃 집 "아랫방 작은 각시방"에 출근하는 "제주 송 씨"가 하루 종일 물질하고 돌아온 작은 각시와 벌이는 정사를 "벼슬 세우고 밤잠도" 없이 설치는 장닭으로 되친 「장닭」과 같은 작품에서 또한 여지없이 드러난다.

그런데 신명자의 낙관주의 전망이 품안고 있는 섬세한 표현력과 넉넉한 웃음은 무어니 해도 「박산 할메」나 「선이 할메」에서 오롯하다.

　　①할베 돌아가실 때 할메 빛도 거두어 가
　　해 뜨면 해 질 때까지 해바라기 화분처럼
　　마루에 앉아 발자국만 읽습니다
　　동쪽 서쪽 사립문 두 개
　　할메 귀처럼 열려 있는 집 위에 고상집
　　고씨 성을 가졌다고 고상
　　장난끼 넘쳐 별명이 고상 닷 되 씨
　　할메 끼니처럼 들락거리면
　　아이구 나가 이리 살몬 뭐 하건노
　　쥐약이라도 있으면
　　쥐약이라도 있으면,
　　아흔 넘은 넋두리에 고상 닷 되 씨
　　장난끼 한 말로 넘쳤을까요
　　옥진이 점빵에서 활명수 한 병 사 와
　　할메, 쥐약입니다
　　병마게 따 드릴까예?
　　할메 손이 허우댑니다

저 우 선반에,

저우 선반에 올려두시게

나중에,

나중에.

-「선이 할메」 가운데서

②어디서 날아온 민들레 홀씨였을까

우리 집 담장에서 내려다보면 둥천 건너

첫 빨간 양철지붕에 되똥만 한 집

흘러내린 담장 너머 손바닥만 한 마루 끝엔

망부석처럼 서 있던 지팡이 하나

동네 사람들은 백 살이 넘었다고 했고

할머니께 나이를 물으면

사람이 백 살 넘으면 나이가 없다며 손사레 치셨다

명주실 같이 가는 흰머리에 뽀얀 얼굴

선거 날이면 새벽같이 면사무소 지프차

할머니 모시려 오고 포구나무 가지처럼 흰 허리는

지팡이가 모시고 나왔다

할머이 오늘은 꼭 한 사람한테만 꾸우욱 찍으이소

이장님 신신 당부해도

이 보시게 인심이 그리 야박해서 쓰시겠는가.

-「박산 할메」 가운데서

「선이 할메」와 「박산 할메」 둘 모두, 시인 신명자의 어린 시절 겪었던 거제 사람, 거제 여자의 표상인 이들이다. ①의 '선이 할메'는 할베가 돌아간 뒤로 버릇처럼 "아이구 나가 이리 살몬 뭐 하건노/쥐약이라도 있으면/쥐약이라도 있으면"이라 하소연 아닌 하소연을 풀어 놓았다. 그것을 보고 '장난끼' 많은 고 씨가 할머니에게 활명수를 한 병 사서 쥐약인 양 할메에게 건네며 마시라 권했다. "할메, 쥐약입니다/병마게 따 드릴까예?" 그러자 할메가 '나중에/나중에' 마실 터이니 "저 우 선반에 올려두"라고 허둥댄다. 할메의 속겯 다른 시침떼기 말을 장난으로 바꾼 마을 사람들의 즐거웠을 풍경이 한눈에 담긴다.

「선이 할메」가 다른 사람의 짓궂은 장난을 빌려 웃음을 불러내는 작품이라면 「박산 할메」는 본인 스스로 환한 웃음을 우리들에게 선물한다. 나이가 백 살이 넘었다고 마을에 알려진 '박산 할메'는 사람들이 물으면 "사람이 백 살 넘으면 나이가 없다며 손사레"칠 정도로 사리분별이 뚜렷하다. 나이 탓에 "선거 날이면 새벽같이 면사무소 지프차"가 데리러 오는 대접을 받기도 했다. 그리고 그럴 때마다 이장은 당부를 아끼지 않는다. "할머이 오늘은 꼭 한 사람한테만 꾸우욱 찍으이소". 그러나 그러한 이장의 신신당부에도 아랑곳없이 매번 선거마다 '박산 할메'는 느긋하다. 투표지 빈 칸마다 꾹꾹 정성스레 다 찍는 것이다. "이 보시게 인심이 그리 야박해서 쓰시겠는가."

'선이 할메'나 '박산 할메'가 보여 준 넉넉한 웃음은 예부터 거제 할메들이 지녔던 인정스런 모습이다. 너나 경계 없이 우리라는 한 이름으로 얽혀 들었던 숱한 사연과 사건들, 비극과 슬픔을 하나로 녹여 낸 놀라운 낙관주의가 생생하게 살아 숨 쉬는 현장을 읽는이들은 신명자의 시로 말미암아 오롯이 누리게 된 셈이다. 중요한 점은 '선이 할메'나 '박산 할메'가 마련해 주는 웃음뿐 아니라 그것을 잊지 않고 되살려낸 신명자의 마음자리다. 그리고 보면 시인의 눈길 안에서 박산 할메나 선이 할메는 시인의 어머니인 '진을수 여사'와도 다르지 않다. 길고도 길게 이어져 오는 거제 여자의 표상인 그미들이다. 그 끝자리에 시인 신명자 또한 어느새 그미들과 다를 바 없이 인정스런 할메로 부산스레 손자를 챙기는 자리에 놓였다.

불화와 화해, 슬픔과 기쁨, 비극과 웃음을 하나로 끌어안고 드높이 화평을 불러내는 신명자 특유의 낙관주의는 시 곳곳에서 선명하다. 잘 닦은 자개 장롱 위에 돋을새김으로 빛나는 빨간 동백꽃 무늬와도 같다. 그 점은 거제 장소시는 물론 그 바깥, 시인이 고향 거제를 떠난 뒤 중심 무대로 삼았던 마산, 창원, 고성 생활을 담은 작품으로까지 나아가면서 시집 모두에 걸쳐 드러난다.

①아이 삼촌 대학 2학기 등록금도 내일 막차
어머님께 콩 튀듯 부탁한 돈
내일 새벽 첫차 타고 마산 돌아가야 했다
백일도 안 된 둘째 아이 둘러업고 어둠길
한목재 올라서니 샛바람 먼저 마중 나왔다
전신줄과 소나무 우는 소리 목덜미를 잡아당기고
-(줄임)-
사시나무 내 다리
돌부리가 걸어찼다

아이 엉덩이 꼬집어
등불 같았던 울음소리
켜면 꺼지고 켜면 꺼지고.

-「갈곶리」 가운데서

②그해 장마가 가난한 집 군손님처럼 봄 내내 눌러 앉았다

막 타작한 보리가마에서 누룩내를 토해 내고

어머니 한숨도 누룩내처럼 번져나갔다

-(줄임)-

사람들 인심도 젖어가고 내 마음도 젖어버렸던 그 계묘년

환갑 되어 다시 온

나는 저 년을 도대체 잊을 수가 없다.

-「계묘년」 가운데서

③이왕 하는 일

입에 달고 살더니

이름 붙은 채소는 다 심어 놓고

-(줄임)-

서리 맞은 정구지 모습

낮에 잠시 현관 떴다 사라지고 나면

거실에 채소장 섰다가

냉장고에서 시들고

남편, 농막에서 시든다.

-「낮달」 가운데서

④모은암 법당 앞 너럭 바위에도 작은 천지 못 많다
바위에 자궁을 심어놓고 자식 샘 솟게 해 달라고
69처럼 앉고 서서 빌고 빌었던 옛어머니들

69세 뒤집어 놓으면 69새 될까
이쯤에서 천지못으로 푸드득 날아오르고 싶다.

-「69새」 가운데서

"아이 삼촌 대학 2학기 등록금"을 마련하기 위해 시인은 늦은 막차를 타고 고향 집을 다녀왔다. 그런 정황을 그려 담은 작품이 ①이다. 캄캄한 한목재를 넘어설 제면 전신줄에 소나무 우는 소리까지 두려움을 마구잡이로 키웠다. 하는 수없이 둘러업은 "백일도 안 된 둘째 아이"의 엉덩이를 꼬집어 울리고 또 울렸다. 그 울음소리를 등불 삼아 밤의 두려움을 건너선 것이다. 날카로운 표현력이 고스란히 살았다. ②는 60년 전 계묘년, 가난한 집안 형편에 장마마저 길어 유난히 고달팠던 그해를 다시 맞은 감회를 담은 작품이다. 그런 '환갑'을 두고 시인은 "저 년"을 "도대체 잊을 수가 없다"고 썼다. 해를 뜻하는 '년'을 여자의 비칭으로 녹인 웃음기 어린 능청은 어지간한 재능을 지닌 시인이 아니라면 꾀하기 힘든 솜씨다. ③에서는 농막에서 열심히 가꾸고 거두어 온 남편의 야채들이 집안 냉장고에 시드는 모습과 "서리 맞은 정구지"처럼 '농막에서' 시드는 남편 사이, 둘의 대조를 빌려 웅숭깊은 남편 사랑을 에둘러 담았다. ④에서 시인의 위치 장소는 김해 무척산 아래 가파른 모은암이다. 거기서 더 위쪽 천지못까지는 오르기 힘겨운 자신의 몸 나이 69세를 두고 '69새'라 적었다. 그런 다음 "푸드득 날아 오르고 싶다"고 이었다. 잔잔한 웃음을 녹여내는 재치가 생생하다. 그런데 무엇보다 신명자 시의 낙관주의가 가장 아름답게 꽃피는 시는 「수채화」다.

> 어머님 떠나시고 3년
> 아버님은 매일 밤 그림 그리신다
> 평생 농부로 사신 아버님
> 고향 가을이 그리웠을까
> 자신의 용변이 물감인 양 엉덩이가 붓인 양
> 아침이면 거실바닥은 온통 황금들판
> 나는 따뜻한 물에 비누 풀어

가을걷이를 한다.

-「수채화」

신명자는 딸로서 자라 아내로서 어머니로서 다시 할머니로 단계단계 밟으며 우리 여자들이 살아온 보편적인 삶의 이력을 쌓아 나온 사람이다. 일흔 나이를 바라보면서 뒤늦게 입문한 문학살이에서도 살아온 삶의 성실함과 넉넉한 낙관주의를 뱃심으로, 고통과 어려움을 파도 넘듯 한 켜 한 켜 넘기며 살아왔다, 「수채화」는 그런 과정에 시댁의 두 어른을 차례로 보낸 일을 바탕으로 삼았다. 시어머니 여읜 뒤 다시 세 해, 해마다 기울어져 가는 시아버지 봉양의 어려움이 고스란히 담겼다. 시아버지가 "자신의 용변"을 물감 삼아 "아침이면 거실바닥에" '엉덩이를' 붓 삼아 '황금들판'을 만든다는 표현은 단순한 문학적 기교를 넘어서는 울림을 지녔다.

나아가 시인은 거실바닥을 이리저리 칠한 시아버지의 용변 닦기를 두고 "따뜻한 물에 비누 풀어/가을걷이를 한다"고 썼다. 놀랍고도 적확한 비유다. 그런 솜씨를 녹인 말할이 '나'는 지난날 박 씨 할메가 키운 손녀며, '너릉바우'에 자식들의 행복을 빌고(「공양」), 먼 창성호 뱃길에서 내리던 자글자글 미역귀 모습의 엄마(「진을수 여사」)가 키워낸 그 딸이다. 시든 정구지 같이 농막에서 시드는 남편(「낮달」)을 향한 애틋한 눈길을 아끼지 않은 아내다. 길 가 노란 민들레 꽃빛에서 문득 멀리 있는 자식과 손녀의 웃음소리를 듣는(「노란 민들레」) 엄마며 할머니다.

그리고 누구보다 그미는 거제의 딸이며 거제의 어머니다. 시인 신명자. 뒷날 거제 사람들은 그미의 시를 빌려 자신들의 정체성을 확인하는 꿈을 거듭거듭 꿀 수 있을 것이다. 시가 세상을 구하지는 못할지라도 세상을 아름답게 가꾸고 다듬는 길 가운데 하나로는 모자람이 없다는 사실을 그미는 일흔을 넘은 나이에 보여 준다. 첫 시집 『거제, 파도가 깎은 시』가 그 터무니다.

4. 거제의 시, 시의 거제

거제는 나라 땅 여느 곳과 어슷비슷하게, 전통사회에서 근대로 나아오면서 유구하고도 굴곡 많은 내력을 겪었다. 그럼에도 근대 들어 오늘날까지 뛰어난 문학인을 내놓은 경험은 엷다. 나라잃은시대 비평가 양명과 을유광복 뒤 시조시인 김기호, 그리고 어린

이문학가 옥미조, 소설가 손영목으로 이어지는 문학인이 드물게 보일 따름이다. 흥미로운 사실은 그들 가운데 오로지 시로서 삶을 다투었던 이는 한 사람도 없다 할 정도다. 김기호 경우는 시인으로서보다 교육자로서 이룬 업적이 더 두드러진다. 그런 가운데서 비록 늦었지만 2000년대도 20년대에 들어 신명자가 오롯한 거제 시인으로서 우리 문학사회 위로 둥실 떠올랐다.

신명자는 늦깎이 시인이다. 예순도 한참 넘은 나이인 2017년 가을, 문학에 입문한 뒤 2024년 『장소시학』 신인상을 빌려 문학사회에 본격적으로 선을 뵀다. 그리고 이제 첫 시집을 내놓는다. 사람 나이 일흔 둘에 이룬 일이다. 그런 까닭에 신명자의 한 권 시집은 어렵사리 피어오른 한 포기 연꽃 송이처럼 귀할 따름이다. 그런데 더 귀한 일은 시집에 담긴 작품의 됨됨이다. 거제의 산과 바다, 사람들이 겪고 누린 갖가지 사연과 곡절을 가까이에서 먼 데서 빚어낸 장소사랑이 넉넉하다. 거제의 예와 오늘이 겹치고, 노래와 이야기가 어울릴 뿐 아니라 장소 상상과 인격 체험을 하나로 녹인 채 그미 특유의 낙관주의와 그로 말미암은 웃음과 화해로운 삶의 울림이 웅숭깊은 본격 장소시를 이루었다.

그리하여 신명자의 거제 장소시는 개인의 기억과 추억이 공동의 지역 자산으로 되돌려지는 드문 경험을 읽는이들에게 선물한다. 지역 기억의 재현과 중첩, 재구성뿐 아니라 지역 가치 전승이 역동적으로 이루어지는 자리가 신명자의 시다. 그미 시가 지닌 당대적인 뜻뿐 아니라 미래지향적인 적극성이 거기서 비롯한다. 거제 근대 지역문학에서 볼 수 없었던 지역성이 비로소 신명자의 손을 빌려 재창조된 셈이다. 엄밀한 뜻에서 거제가 제대로 된 지역 시인을 비로소 갖게 되었다고 말할 수 있을 정도다.

거듭하거니와 거제도 거제면 옥산에는 금성산성이 있다. 거기 있는 듯 없는 듯 싸움돌이 살아왔다. 먼 예부터 오늘에 걸쳐 그 자리를 지켰을 뿐 아니라 멀리 앞날의 거제를 지키며 거제의 산과 바다, 사람들의 강건하고도 빛나는 표상으로 남을 상징이다. 번잡스러운 이름을 내놓지 않고 있으나 때로는 단단한 성채의 싸움돌 무더기와 같이, 세상에는 예사 시인이 쉽게 흉내 낼 수 없을 훈향을 품은 시가 산다. 옥산 금성, 옥과 금을 지닌 그 귀한 이름과 같은 자리에 놓일 만한 또 다른 보석이다.

일흔둘 늦깎이 시인 신명자. 그미 특유의 낙관주의가 빚어내는 화해와 웃음의 아름다움은 그미 개인의 것으로 머물지 않을 것이다. 개별의 문학적 성취가 지역지(地域誌)가 되고 유장한 감동으로 메아리치는 놀라운 드라마가 그것이다. 거제는 신명자를 낳았다. 이제 거제는 그 신명자로 말미암아 철 따라 해 따라 시로 메아리치는 아름다운 연금술을 갖춘 장소로 바뀌었다. 누구보다 먼저 그미를 도탑게 키웠던 거제 가라산, 노자산부터 그윽이 내려다보며 이 일을 기뻐하리라.